W0386994

CE QUE LES ENFANTS NOUS ENSEIGNENT

Sophie Marinopoulos

CE QUE LES ENFANTS NOUS ENSEIGNENT

Éditions Les Liens qui Libèrent

ISBN : 979-10-209-2427-8
© Les Liens qui Libèrent, 2024

« Les enfants nous allongent. »

Les enfants ont été mes enseignants. Ils m'ont menée sur le chemin du questionnement, de l'inconfort, de la surprise, mais aussi de la joie et de l'émerveillement.

À leur contact, les questions d'actualité, qu'elles soient sociales, économiques, environnementales, de santé ou de sécurité, s'illuminent. Si les intellectuels nous proposent de réfléchir à ce qui fait société aujourd'hui, nos bébés, les infans, ceux qui ne parlent pas encore, constituent à eux seuls un courant de pensée sans égal.

C'est en confiance que les bébés grandissent, acceptant les exigences de leur condition humaine. Ils composent avec leur vulnérabilité native, qui les conduit à s'engager dans l'altérité, à considérer la relation comme première, à donner du temps aux expériences sensibles, à accepter le doute, à renoncer au connu pour aller vers l'inconnu, à reconnaître la différence, à supporter l'inattendu.

Leur courage d'être au monde nous rappelle que, pour vivre, éduquer, soigner, gouverner, des incontournables s'imposent afin de déployer des politiques publiques soucieuses du bien commun.

CHAPITRE I

Conversations sensorielles

L'accident

Le petit avion, qui transportait trois adultes et quatre enfants issus de la communauté indigène Uitoto, s'est écrasé début mai 2023 en pleine jungle colombienne. Les trois adultes à bord sont décédés, dont la mère des enfants, qui a succombé à ses blessures quatre jours après l'accident. Les enfants, âgés de 13, 9, 5 ans et 11 mois, ont dû se débrouiller seuls dans ce cadre inhospitalier. C'est au bout de quarante jours, alors qu'il ne semblait plus rester aucun espoir de survie, qu'on les a enfin retrouvés, amaigris, déshydratés, mais vivants. La presse internationale s'est largement fait l'écho de ce miracle.

Les Amérindiens interrogés ont très vite réfuté ce terme. Eux n'ont jamais douté que les enfants seraient retrouvés vivants et, pendant que nous comptions les jours, ils pratiquaient des rituels pour négocier leur protection, demandant aux esprits de reconnaître leur appartenance à ce territoire et leur droit d'y prospérer.

Les enfants ont marché pendant des heures, des jours, des semaines, tenus par la main invisible de tout un peuple. Marcher en famille est au cœur de leur quotidien. C'est ainsi que leurs parents les éduquent, pour qu'ils deviennent capables de lire la forêt. Pendant leurs déplacements, ils partagent des conversations qui sont au-delà des mots. Lorsqu'ils cheminent au côté de leur parent au milieu de la dense végétation, les enfants interprètent les pressions de la main qui les enveloppe, qui leur conseille de lever le pied, de se déporter un peu sur la gauche, sur la droite, de ralentir, d'attendre, de prêter attention à un bruit. Marcher est pour eux un *dire* en même temps qu'une manière de signifier sa place dans un environnement. En levant haut les pieds, en contournant certaines plantes, en évitant les bosquets trop touffus pour privilégier les clairières ombragées, l'enfant amérindien raconte à la fois la place qu'il accorde aux autres, humains et non humains, et la place qu'il souhaite occuper. L'*acte de dire* dans l'éducation précoce de ces enfants passe par la gestuelle, par le corps en mouvement, un corps sensoriel qui écoute la forêt dans laquelle ils vivent. Ils savent qu'elle n'est pas toujours leur meilleure amie, mais elle n'est pas non plus leur ennemie. Circuler dans la jungle épaisse leur apparaît comme une sorte de jeu de devinettes capable d'ouvrir des chemins dans la végétation, de repérer les fruits comestibles, de trouver de l'eau potable, de reconnaître les abris protecteurs et de faciliter le dialogue avec les éléments. Avec l'âge, les gestes de l'enfance fabriquent du familier ; ils deviennent la forêt.

Ces enfants ne sont donc pas des miraculés, seulement des survivants : tel est le message du peuple amérindien. Une invitation à penser cette éducation au-delà des clichés qui l'imaginent à la dure, loin de tout confort et de toute tendresse. Comme de nombreux enfants dans le monde, ceux-là s'endorment avec des histoires spécialement conçues pour eux. Des histoires qui racontent la faune, la flore, qui leur présentent des animaux dits malicieux et séducteurs qu'il faut bien connaître pour pouvoir vivre parmi eux.

Les enfants perdus sont revenus vivants parce qu'ils se sont nourris autant des éléments comestibles qu'offrait la jungle que de sa dimension culturelle, en écoutant les histoires qu'elle racontait. Quand le vent chantait dans les feuilles, les enfants pouvaient s'orienter dans l'espace. Quand la rivière faisait entendre son bouillonnement, ils pouvaient imaginer le sens du courant et aller pêcher. Quand des mammifères non humains laissaient leurs empreintes dans la terre, ils pouvaient lire la direction qu'avait empruntée la meute et l'éviter.

Grâce à leur appartenance culturelle, les enfants ont marché avec la certitude qu'ils étaient attendus.

Bâtir son être sensoriel

À la naissance, ces enfants ne possèdent pas de pouvoirs surnaturels qui les transforment en superhéros dès leur plus jeune âge. Ils naissent comme tous les autres bébés de la planète, avec un désir de vivre, un corps sensoriel disposé à recevoir le monde, et, comme n'importe quel petit *Homo sapiens*, ils sont prêts à s'engager dans le chantier de leur croissance.

Tout projet de bâti impose de penser les fondations, de les rendre suffisamment solides pour supporter l'élévation de la construction. Tout bâtisseur cherche l'équilibre et la robustesse. Il en est de même pour la construction d'un Sujet. Dans sa signification première, «bâtir» veut dire habiter. Bâtir son être, devenir soi, revient à habiter son corps pour le penser ensuite.

Et cela commence avant la naissance, quand l'enfant, encore à l'état d'animal aquatique, vit en appui-dos dans le corps de sa mère, flottant dans son liquide amniotique nutritionnel et narratif. Là, il fait l'expérience de sa première identité sensorielle par laquelle il se sent debout, allongé. La première verticalité de l'enfant est horizontale. Cette sensation nouvelle de « soi » est une incroyable mémoire de nos éprouvés. Aussi n'est-il pas rare en consultation que de petits patients très affaiblis dans leur construction passent leurs séances allongés, dans cet *être debout régressif* qui les contient mieux qu'un face-à-face vertical. D'ailleurs, ce rapport au sol a le don d'agacer leurs parents, qui les voient devenir *mous* sans parvenir à les détourner de cette attitude. Le « Redresse-toi ! » autoritaire n'a aucune prise quand le corps vient exprimer un effondrement qui est avant tout interne. L'éducation n'a aucune chance de prendre le dessus quand l'enfant, lassé de signifier son mal-être, en fait un art de vivre névrotique dans lequel le symptôme n'a pas pour habitude de se laisser dresser.

Cet *être debout allongé* occupe tout son temps, passé à éprouver les moindres petits bouts de son corps, à converser sensoriellement avec eux, les rassemblant pour se sentir vivant. C'est un corps qui parle, un corps riche de sensations où le bébé *non né* décrypte son univers sur un mode amodal, avec tous ses sens. Un *être sensible* qui touche, goûte, ressent, entend et voit avec sa peau. Quand nous le découvrons grâce à l'échographie, nous sourions à ses «pitreries» et l'imaginons en train de jouer, de faire des galipettes, lui prêtant des intentions et des traits de caractère. C'est notre manière à nous de l'inscrire dans la famille qui l'attend. Nous *le* parlons, puis nous *lui* parlons. Nous aimons penser qu'il aime nos pensées, car nos vies ne sont que des récits que les enfants questionnent inlassablement. «Quand j'étais une graine, tu étais né?» demande l'enfant à ses parents, plongé dans une quête où l'existence se tient dans un espace intemporel, où la réponse vaut création, où l'histoire attendue n'a ni début ni fin.

Cet amour des récits et de leur mise en interrogation est une passion partagée des enfants et des psychanalystes. D'autres, comme les neuroscientifiques, aiment s'attarder sur l'histoire de notre sensorialité, ce qu'ils nomment la synesthésie, ou comment nos sens peuvent s'interchanger.

Cette première approche du monde, le petit *Homo sapiens* va la garder longtemps. Dans la culture amérindienne, l'approche synesthésique est au cœur de l'éducation des enfants et reste pour les adultes un lien privilégié avec le milieu de vie.

C'est ainsi qu'un environnement que notre culture nous incite à juger hostile, et même à fuir, est porteur dans le monde amérindien d'une multitude d'occasions d'interprétations sensorielles. Les enfants amérindiens sont encouragés à sentir les traces et à voir les sons au fur et à mesure qu'ils cheminent. Ils connaissent la façon dont vit chaque être vivant et ne se pensent pas comme plus fragiles que les autres espèces animales, mais comme différents, avec des besoins propres et des ressources spécifiques. Ils sont élevés dans un esprit qui sait reconnaître le semblable dans le différent, accepter que la part d'animalité que possède tout humain est un héritage précieux qui leur permet d'écouter, de donner du sens à ce qui fait la vie d'un territoire. Car l'animal humain, où qu'il naisse dans le monde, éprouve, ressent, sent et pense. Il associe sensibilité et raisonnement.

Exploitant leurs atouts, ces enfants déambulent et interprètent pas à pas ce que l'atmosphère leur offre, construisant ainsi une forme d'assurance, de sécurité interne qui fonde leur maturité et leurs connaissances. *Recevoir par l'expérience* si chère à Rousseau permet d'allier des pratiques et des savoirs, ce que le philosophe américain John Dewey* défendait à travers sa célèbre formule « *learning by doing* » : « apprendre en faisant ». La vie psychique de ces enfants se nourrit de la chaleur de la main qui les guide et de ces déambulations savantes qui les rendent riches d'une force de

*. John Dewey, *Démocratie et éducation*, Paris, Armand Colin, 1975.

vivre. Dewey n'a eu de cesse de rappeler l'importance de s'intéresser au moyen que l'enfant emprunte pour apprendre et comprendre et de ne pas se fixer sur le résultat final. Sa philosophie de l'éducation est à mes yeux une philosophie du mouvement apprenant, un mouvement qui mobilise les sens.

Qu'avons-nous gardé de cette richesse d'écoute sensorielle, de cette animalité originaire ?

L'atrophie de nos sens

Notre culture occidentale a fait des choix éducatifs qui éloignent les enfants de leurs aptitudes synesthésiques. Nos enfants n'expérimentent pas, ne hument pas leur environnement ; ils apprennent. Cette éducation les coupe de leur sensibilité, leur propose de « séparer leurs sens » et de bâtir leur être en privilégiant la vue.

Lorsque nous nous promenons en forêt, nous exhortons les enfants à *regarder* où ils mettent les pieds pour leur éviter de se faire mal. Nous limitons leur accès à cet environnement, à ce qui se présente sous leurs pas. La forêt devient ainsi, malgré son immensité, un espace restreint. Nos milieux forestiers sont parlés dans une atmosphère de défiance dominée par cette recommandation : « ne pas se faire mal ».

Nous pourrions synthétiser chacune de ces deux approches éducatives en une phrase:

Regarde où tu marches.

Écoute ce que la forêt a à te dire.

Dès la crèche, on «montre» les choses à l'enfant. Il faut qu'il voie *avec ses yeux*. Pas question de voir autrement, même si les bébés aiment initier des moyens différents de regarder. Je pense en particulier au *voir avec la bouche* que nos bébés pratiquent spontanément, jusqu'à ce qu'ils rencontrent nos interdits. Mettre à la bouche est considéré comme sale. Pourtant, à 6 mois, *voir avec la bouche* est la meilleure façon de comprendre l'objet, de le posséder sous toutes ses facettes, d'en connaître la texture, de mesurer son poids et sa forme, de s'imprégner de sa matière, et donc de le penser. Se contenter de le regarder avec les yeux, c'est perdre 80 % de sa connaissance. Qui n'a jamais vu un bébé attraper l'objet qu'on lui tend et le mettre directement dans sa bouche, sans même le regarder? Quand l'objet est saisi par la bouche, la langue peut en faire le tour, les lèvres le retenir, la salive se répandre sur toute sa surface, ce qui en fait un objet personnalisé et odorant. C'est ensuite seulement qu'il est extrait de la bouche pour être regardé avec les yeux, prenant alors une nouvelle forme, de la couleur, devenant un objet pesé et pensé.

De la même manière, se promener dans la forêt en se contentant de regarder où on met les pieds nous fait perdre 80 % de la connaissance des éléments qui la composent.

Que l'enfant soit en famille ou dans son lieu de vie, notre réflexe d'adultes est de le protéger. L'impératif de sécuriser l'enfant où qu'il se trouve a pris une telle importance qu'il fonde toutes nos relations avec lui, colore toute notre éducation. Il en découle de nombreux interdits. L'éducation précoce à base de « ne pas » – ne pas toucher, ne pas mettre à la bouche, ne pas courir, ne pas jeter – est monnaie courante. Aucune réflexion n'est menée sur la perte de l'approche synesthésique chez les très jeunes enfants et ses conséquences. Or cette perte est une catastrophe à l'origine des crises relationnelles et environnementales actuelles, sur lesquelles nous reviendrons.

Cette approche éducative interfère avec ce que les enfants aiment le plus. Car ils sont gourmands de jouer à vivre des expériences différentes au fur et à mesure que leur maturité corporelle se fortifie. Le corps qui s'élance pour courir n'est pas le même que le corps qui marche. Voilà ce qui intéresse l'enfant, qui découvre son souffle, ses muscles, l'espace, décrypte la façon dont son habitat se transforme au gré de ses « agirs », ainsi que celle dont sa respiration se met au diapason de ses gestes. Apprendre à marcher, à courir, à sauter, c'est apprendre à respirer avec le mouvement initié, mais c'est aussi « mesurer » le périmètre disponible et faire de savants calculs. La motricité engage les premières relations à la géométrie – un précieux butin pour l'école primaire. Autrement dit, l'enfant de la forêt qui ne va pas à l'école sait lire, compter, mesurer, calculer grâce à et avec son environnement.

Récemment, j'ai inauguré un parc sur la petite ville d'Uzès*. Je l'ai conçu en trois espaces, chacun offrant aux enfants des expériences motrices différentes et évolutives. Dans le premier espace, tout est pensé pour les premiers émois moteurs. On y trouve des plots peu élevés pour que l'enfant sente comment tenir son équilibre ; un toboggan accessible par un très court escalier peu pentu, permettant une ascension rapide ; une cabane à hauteur des mains adultes, qui pourront le rassurer tout en le laissant agir ; des jeux sensoriels suspendus invitant à toucher, taper, lancer ; deux larges balançoires, une pour s'installer à plusieurs afin de favoriser la socialisation, une autre encore plus large pour les enfants ayant un handicap moteur qui les oblige à jouer allongés.

Le deuxième espace a la forme d'un animal pourvu d'une très longue queue qu'il faut parcourir en

*. Projet de la municipalité d'Uzès dont j'ai été chargée en tant qu'adjointe à la famille, à l'enfance et la citoyenneté.

équilibre pour atteindre une cabane surélevée. On peut aussi passer par le mini-mur d'escalade et redescendre par la rampe de pompiers. Ou bien s'aventurer sur le pont de singe pour terminer sur une échelle abrupte d'où l'on peut sauter. Ou encore emprunter des marches et finir sur des plots suffisamment écartés pour inviter à une prise de risque.

Enfin, le troisième espace est un jeu composé de nids répartis sur différentes hauteurs, le maximum dépassant les trois mètres. Il propose aux plus de 10 ans de mesurer leur habileté en imaginant la meilleure stratégie pour atteindre le sommet.

Trois espaces qui donnent aux enfants la possibilité de faire des mathématiques et de la géométrie sans le savoir. Un passage obligé pour apprendre, car comprendre l'espace, c'est d'abord le vivre. Calculer n'est pas un exercice mental qui s'apprend, mais un exercice moteur qui permet d'éprouver son corps en mouvement. Au XXe siècle déjà, John Dewey* montrait comment l'enfant apprend en faisant des enquêtes, c'est-à-dire en pensant sur ses gestes. Lorsqu'ils jouent librement, par exemple en cherchant à grimper sur un jeu, les enfants investissent une multitude de possibles. Leurs délibérations internes les conduisent à manier des conceptions en vue d'agir

*. *Op. cit.*

qui constitueront des bases solides pour quand ils se retrouveront devant leur cahier à l'école. Il faut pouvoir vivre corporellement des initiatives pour les intérioriser et les transformer en connaissances.

Un enfant de 8 mois compte déjà sensoriellement les marches qui le séparent de la petite cabane et connaît la distance entre deux jeux différents. De même, quand vous lisez l'histoire du soir à vos jeunes enfants qui ne sont pas encore en âge d'apprentissage, ils savent parfaitement si vous avez sauté une page. Ils connaissent sensoriellement le nombre de pages de leurs albums. Plus tard, ils les compteront.

Les enfants marcheurs de 18 mois qui décident soudainement de passer à la vitesse supérieure donnent des sueurs froides à leurs parents. Pourtant, leur corps n'ignore pas le risque; simplement, ils l'acceptent. Grandir est une acceptation du risque.

Ces prouesses enfantines sont à considérer et à ne jamais oublier si nous voulons apaiser nos craintes. Nos enfants grandissent par le mouvement, et, en laissant nos peurs prendre le dessus au moindre geste, nous appauvrissons leur capacité à réaliser ces calculs enfantins. Nous les rendons malhabiles et obstruons leur horizon.

Être privé d'horizon, ce n'est pas simplement être privé de voir loin devant. C'est aussi être empêché de faire des expériences pour voir plus près, dedans, en soi, par tous ses sens. C'est être privé de l'alternance des ressentis et du raisonnement. C'est bloquer le processus de construction de la pensée.

L'expérience est vitale, car imaginative. Elle fait naître chez le jeune enfant des images inattendues qui décuplent son désir de devenir grand. Chaque fois qu'il entreprend un mouvement, si simple soit-il, il se met dans une situation d'appétence à comprendre. Pour un bébé, cette appétence se traduit par des gestes basiques, comme tendre un bras, tenter de serrer ses doigts sur une forme aperçue, pivoter sur ses fesses et sentir l'équilibre. Tout est expérimenté dans un rythme propre à chaque enfant qui lui permet d'emmagasiner de l'assurance, d'élargir son spectre de découvertes. En retenant le jeune enfant dans ses initiatives, non seulement nous le coupons dans son élan, mais nous interférons avec sa propre rythmicité. Son environnement se trouve alors limité à ce qu'il est autorisé à accomplir et son monde interne est malnutri, c'est-à-dire privé de relations d'expérience.

Alors que les enfants amérindiens sont la forêt, alternant expériences sensibles et raisonnement, nos enfants ne peuvent pas, à leur image, s'inscrire dans un vaste univers où les expériences vécues permettent de mesurer la différence dans les similitudes.

Ils sont élevés dans la crainte de l'espace, de l'extérieur, de la nouveauté, de la différence, car ils ne les expérimentent pas. À notre insu, tout en voulant sincèrement leur bien, nous fragilisons les fondations de leur « être ».

Se pose alors la dérangeante question : sommes-nous la seule espèce à affaiblir ses petits ?

Des mises en bouche au service de la santé des liens

Être autorisé et encouragé dans ses explorations sensorielles équivaut à une transmission sans égale du plaisir de vivre. Le plaisir fait éclater le sens premier du monde, qui devient dès lors plus riche que tout ce que nous pouvons imaginer. Nous pourrions dire que nos enfants ont besoin de goûter le monde, d'être touchés par sa beauté, son esthétique, qui sont des nourritures à part entière. En le goûtant, ils s'ouvrent des horizons et le rendent immense. La saveur agrandit le monde de l'enfant et lui fait aimer la vie. Sans cette dimension, son existence s'assombrit, devient terne et étriquée, et la peur de vivre prend le pas sur le désir de vivre.

Je perçois au travers des problématiques qui entourent l'alimentation des enfants la disparition symptomatique de notre lien à l'expérience sensible de la vie.

«Il ne veut même pas goûter ce que je lui ai fait»: telle est une des plaintes régulières que j'entends de la part de parents qui se disent prêts à exploser face à ces refus répétés. Lorsqu'ils me décrivent avec précision cette bouche enfantine fermée et cette cuillère tendue qui ne trouve pas d'accès, je sens toute la colère qui monte en eux. Je devine la patience mise à bout, les paroles plus dures adressées à l'enfant, les gestes qui le violentent. La crise relationnelle est amorcée, et je sais que l'enfant ne cédera pas. Il ne s'agit pas d'un caprice ou d'un refus de principe, comme l'évoquent ces mères et pères angoissés. Il s'agit de quelque chose de plus existentiel. Un fondamental que la bouche inaccessible de l'enfant donne comme un dire à interpréter au plus vite. Il y a du sens dans cette bouche fermée.

Le *corps-bouche* de l'enfant est particulièrement investi par les parents, qui voient en cet orifice le moyen de le faire grandir correctement. Un corps à nourrir que nos conseils sanitaires transforment en surface chiffrée. Taille, poids, périmètre crânien traduisent la logique comptable qui préside à nos critères de santé pour les jeunes enfants. Le volet alimentaire s'apparente ainsi à une somme de recommandations bâtie autour de l'équilibre nutritionnel. Une sorte de casse-tête auquel l'enfant n'est pas réceptif. Lui veut bien mettre dans sa bouche tout ce que vous voudrez, à condition qu'il ait son mot à dire. Et avoir son mot à dire quand on ne parle pas, c'est pouvoir entrer en contact avec les textures, toucher les couleurs, écraser les morceaux, sucer les petits bouts et avaler le plaisir en même temps que les aliments nutritifs. C'est mettre à profit sa sensibilité enquêtrice pour comprendre qui sont ces matières et qui il est, lui qui les prend en son corps. C'est mettre en mouvement son corps sensoriel. C'est goûter l'expérience de la mise en bouche avant de goûter l'aliment.

Si les repas se transforment en combats où l'enfant tourne la tête en signe de refus et garde la bouche serrée, c'est bien au regard de deux attentes opposées non pas sur le fond, mais sur la forme : celle de l'enfant, qui aimerait goûter la vie pour pouvoir goûter la bouchée tendue, et celle du parent, qui est soucieux de sa croissance, c'est-à-dire de ce qui est ingéré.

Je comprends le souci des parents, mais j'aimerais les rassurer et les encourager à relâcher un peu la pression pour que les repas de nos tout-petits soient avant tout une *expérience*, une découverte, un plaisir – qu'ils ne soient pas condamnés à rester assis en position de réception passive, mais puissent vivre un temps où leur énergie vitale est entendue, une relation partagée où chacun apprend de l'autre.

C'est une voie possible si le discours dominant autour de la santé s'affranchit des normes sanitaires, qui se sont petit à petit concentrées sur une représentation du corps comme dépossédé de toute dimension relationnelle. *Un corps objet à nourrir, et non un corps relationnel qui va se nourrir.* Perdre la part sensible de nos liens conduit à un déni de tout ce qui nourrit, et en particulier au déni de ces besoins relationnels. Nous devons comprendre que cette posture de l'enfant qui se laisse nourrir passivement, nous la retrouverons quand il ira à l'école – les nutriments seront alors les données à apprendre. L'enfant assis dans l'attente de recevoir nourriture ou connaissances, sans espace pour participer, expérimenter, exprimer qui il est dans ce temps de la relation, met en danger sa santé mentale, son être relationnel.

Les mises en bouche que pratiquent les grands restaurants sont un excellent exemple d'appel au plaisir. Elles portent à voir, à entendre, à sentir, à se plonger dans une nourriture imaginative qui prononce les mots de l'histoire du mets. On goûte l'histoire avant même la mise en bouche.

Des mises en bouche en crèche et à l'école maternelle

Plus j'accompagne des enfants, plus je suis convaincue que cette jeune génération a besoin d'un enseignement repensé, d'une éducation avec plus de saveurs, d'une approche qui lui permette de faire face demain aux crises multiples qui l'attendent.

Avant de poursuivre sur ce sujet, observons la façon dont nous considérons l'enfance de nos enfants.

Pour le dire de but en blanc, nos enfants entrent en maternelle déjà amputés de leurs initiatives sensorielles, motrices, imaginatives et verbales, puisque leur capacité à entrer en relation a été limitée à voir avec leurs yeux, écouter avec leurs oreilles, sentir avec leur nez, parler avec des mots. Ils ne goûtent pas, ils reçoivent. Ils ne sont pas nourris, ils sont gavés.

Nous déposons nos enfants d'à peine 3 ans dans une école où il va être question de les faire asseoir pour écouter, alors que le mouvement favorise l'écoute ; de leur imposer le silence, les privant de l'exploration de leurs propres sons ; d'aller à l'activité programmée, au détriment du geste initié par l'enfant ; de réduire la motricité au « temps de motricité ». Les activités dirigées ont pris la place des activités spontanées. Privés de toute expérience initiée par eux-mêmes, nos enfants sont court-circuités dans leur processus de pensée.

Quand l'enfant se lance dans une découverte, il met en mouvement un raisonnement qui part de l'exploration sensible. On peut voir par exemple un bébé attraper un fil ou un autre objet qui traîne au sol, le tourner et retourner entre ses mains, le faire tomber, le jeter, aller le rechercher, le mettre dans sa bouche, le sentir, le poser, le reprendre, en une incessante activité montrant bien qu'il postule qu'il y a quelque chose à traduire, donc à comprendre. Son attention tout en tension lui fait éprouver des liens sensoriels entre ses différents gestes et se raconter une histoire insaisissable pour les observateurs que nous sommes, mais qui lui permet d'emmagasiner une foule de connaissances. « Apprendre » s'inscrit dans cet espace infime, dans ce *minuscule* de l'expérience.

Les bébés du monde entier, qu'ils vivent dans la jungle, sur les hauteurs de l'Himalaya ou dans une grande métropole, pensent parce qu'ils expérimentent et explorent à leur rythme. Ils alternent expériences sensibles et raisonnements.

Les bébés du monde entier ne pourront aimer notre terre que s'ils dialoguent avec elle.

Le *mouvement vers* que pose chaque enfant dans une temporalité qui lui est propre est moteur. Quand il est bébé, on parle d'appétence. Quand il est un enfant grandissant, on évoque sa curiosité. Dans les deux cas de figure, il s'agit bien d'un désir d'entrer en communication et d'identifier de quoi la relation est faite. Ces qualités fondent l'accès aux savoirs, permettant à nos enfants devenus écoliers d'apprendre dans le plaisir de comprendre.

Ce mouvement qui le pousse à *aller vers* lui donne la sensation d'être acteur de sa croissance. S'il en est privé, comme dans nos approches standardisées, il est stoppé dans son élan et perd cette nourriture essentielle que porte son désir. Il n'est pas besoin de robots pour qu'il y ait robotisation : elle est bien là dans les gestes imposés et reproduits par nos plus jeunes.

Cette privation de l'initiative porteuse de son appétence et de sa curiosité introduit une question : que reste-t-il, pour l'enfant, du plaisir de vivre et d'explorer par soi-même un monde dont la richesse réside dans l'inattendu ?

En oubliant que nos enfants ont besoin de traduire leur environnement avec tous leurs sens en vue de le penser, nous les affaiblissons. Leur monde interne s'atrophie. Il est tout à fait évident que ni nous-mêmes ni nos enfants ne survivraient trois jours dans la jungle. Non pas seulement parce que c'est un milieu qui nous est inconnu, même si cela jouerait bien sûr un rôle non négligeable, mais parce que nous ignorons le fonctionnement de notre propre corps dans ses liens synesthésiques avec le monde. En perdant le contact avec notre environnement, nous avons perdu le contact avec nous-mêmes.

Quand je visite nos crèches, qu'elles soient situées en ville ou en campagne, je suis toujours frappée par cette uniformisation du rapport au monde. Les bébés sont en contact direct avec les murs, les sols en matière souple, les jeux en bois ou en plastique, les fenêtres plus ou moins hautes qui laissent passer la lumière naturelle. Leurs éducatrices, attentives, respectent avec beaucoup de professionnalisme les attentes institutionnelles, c'est-à-dire les exigences de l'État. Mais ces normes sanitaires et sécuritaires les immobilisent. Elles ne s'autorisent que ce qui est dicté « d'en haut », m'expliquent-elles. Alors qu'elles sont force de créativité et ont choisi ce métier pour développer les ressources des bébés, elles se voient privées d'initiative.

Pour répondre à ces normes hors sol, hors vie, la journée d'un bébé est remplie d'activités qui scandent le temps. Elle se transforme en *emploi du temps.*

Comment devenir écologiste sans expérience sensible ?

L'extérieur pour nos enfants est soit inexistant, soit inaccessible. Il fait trop chaud ou trop froid. Le temps n'est jamais assez clément, toujours trop vif. Il pleut, il neige, il fait soleil, cela revient au même. L'éducation à base de « ne pas » s'est étendue à nos pédagogies, devenues complices de l'enfermement des enfants.

Les jardins des crèches, les cours d'école n'ont pas d'arbres ; ces derniers ont été coupés à la grande époque du bitume. Tout ce qui touche à la terre ou au ciel est condamné à ne pas approcher nos enfants, et vice versa. Résultat : ils ne se connaissent pas. Les nuages ignorent nos enfants, qui le leur rendent bien en ne jouant plus avec eux aux fameuses devinettes des formes. Les cascades chantent seules et ont depuis longtemps oublié les rires enfantins. Les sentiers ne sont plus dessinés par les pas des enfants. La nuit noire ne reçoit plus les cris des apprentis astronomes cherchant le nom des constellations.

Lors d'un voyage en Suède, j'ai vu des bambins de crèche tout juste en âge de tenir debout livrés à eux-mêmes en extérieur par moins dix ou quinze degrés, et j'ai mesuré avec plus d'acuité encore les privations de nos propres enfants. Emmitouflés dans des combinaisons chaudes aux couleurs vives, ils s'affairaient avec une incroyable dextérité. Le terrain de jeu était une entrée de forêt où ils pouvaient découvrir la boue et voir comment elle s'échappait entre leurs doigts quand ils fermaient le poing. Des plaques de neige dures comme de la pierre résistaient à leurs tentatives d'arrachement malhabiles, offrant de captivantes séances de bras de fer. Les branches d'arbre cassées qu'ils tiraient pour les déplacer étaient bien obligées de les suivre ; même à cet âge, ils avaient assez de vigueur pour en faire ce qu'ils voulaient.

En expérimentant avec les éléments, ils apprenaient qui ils étaient, mesuraient leurs forces ou leurs faiblesses. Ils devaient accepter la frustration quand la neige refusait d'être délogée, ils savaient s'ils étaient grands ou petits, ils étaient un parmi les autres, les autres n'étant pas exclusivement des humains. Les adultes qui les regardaient étaient en retrait et les laissaient faire. Je craignais les chutes, les gestes malheureux avec ces bouts de bois que je jugeais dangereux. Mes yeux habitués à la « sécurité » voyaient les plus jeunes en danger face à leurs aînés de 3 ans eux-mêmes encore si maladroits. Mes sourcils ne cessaient de se froncer, et mes expressions faciales devaient certainement révéler mes craintes. Mais les enfants, heureusement, n'en avaient cure. Après une demi-journée en leur compagnie, après un déjeuner dehors, « au frais », j'ai commencé à savourer le spectacle de ces enfants avec leurs amis terre, neige, boue, bois et autres.

En France, quand nous voulons mettre les enfants en contact avec la « nature », nous plantons des petits carrés de verdure dans des pots afin qu'ils puissent les regarder, éventuellement les toucher. Nos enfants n'ont pas d'amis bâtons, pierres, eau de pluie ou boue. Ils jouent à l'intérieur avec des Kapla, ces morceaux de bois lisses et identiques qui font notre admiration parce qu'ils permettent des constructions en toute sécurité. Ils lisent la pluie, la neige, le soleil dans des ouvrages de littérature enfantine. Ils sautent sur des tapis de mousse qui amortissent les chocs et les empêchent de constater l'effet de leur force motrice. Une fois à l'extérieur, quand le tapis de mousse n'est plus là, l'enfant saute sans mesurer son impulsion, inconscient des risques qu'il encourt. Il ne calcule pas. Il ne connaît pas le lien entre son corps et la terre qui le reçoit. C'est alors qu'il se blesse.

Force est de reconnaître que cette génération ne pourra jamais crier avec ses aînés écologistes : « Nous sommes la nature. »

L'esprit écologiste n'est pas fondé sur des raisonnements, mais sur des expériences. Ce n'est pas une information, mais une connaissance tirée d'un vécu. Il n'y a pas à défendre la terre, mais à vivre avec elle.

Si nos avis diffèrent sur les questions environnementales, nous sommes tous les héritiers de nos gestes passés. Que nous les rejetions, condamnions ou excusions, nous vivons en référence à ce qui a été et ne pouvons pas nous en délier. Nous en sommes tous *contemporains* dans le sens que Françoise Dolto donnait à ce mot : « Être contemporain, ce n'est pas avoir le même âge, mais se poser les mêmes questions. »

Questionnons dès à présent sans langue de bois la manière dont nous allons nourrir nos enfants pour leur donner le goût de la vie et du monde. C'est une urgence si nous voulons bifurquer et permettre aux générations nées et à naître de relever les défis que nous avons-nous-mêmes créés.

Quand nos visages ne parlent plus

Accompagner nos enfants afin qu'ils soient heureux et puissent évoluer dans un environnement viable est un défi majeur, mais qui n'est pas récent. Depuis des décennies, des chercheurs en psychologie et en développement de l'enfant s'intéressent à la perte de nos interprétations sensorielles, particulièrement sous l'angle de la production de nos émotions et du rôle essentiel qu'elles jouent à la fois dans le développement des enfants et dans notre socialisation.

L'expérience connue sous le nom de *still face* (« visage impassible ») a fait couler beaucoup d'encre vers le milieu du XXe siècle. Dans cette expérience, on propose à une mère et à son enfant de jouer en face à face en se parlant par vocalises. Au début, la mère est enjouée ; c'est une interlocutrice qui donne et reçoit en retour. Elle répond aux sollicitations de son jeune enfant, qui s'anime et s'éveille, nourri de ces bons échanges. C'est alors que l'on demande à la mère de tourner le dos à l'enfant, puis de revenir vers lui sans aucune expression faciale. Tandis que l'enfant recommence à solliciter sa mère, vocalise, lui sourit, heureux de la retrouver, celle-ci lui renvoie un regard figé, un corps immobile. Tout en étant là physiquement, elle le prive d'une présence interactive, démonstrative. Dans un premier temps, l'enfant va tout faire pour la ramener dans la relation, l'animer, retrouver les signes émotionnels qui engagent ce dialogue tonique. Mais très vite, face à ce visage impassible, il va se désorganiser et s'effondrer. Impossible pour lui de continuer à exister sans prendre appui sur elle. Il perd sa verticalité, il se perd.

Dans notre monde moderne, nous pouvons souvent avoir l'impression de vivre des journées entières en *still face*. Il n'est qu'à voir dans les bureaux, les transports en commun, les commerces, les voitures, les files d'attente, tous ces visages figés, fermés, vides de toute expression. Notre sentiment de solitude naît au milieu de ces foules étranges. Être entouré de gens et avoir le sentiment de ne rencontrer personne est une expérience terrible.

« Ils s'en fichent complètement ! me crie Véronique à propos de sa détresse, que son entourage ignore. Ils sont dans leur petite vie et ne voient rien de ce qui se passe autour d'eux. C'est peut-être pas métro-boulot-dodo parce qu'ils n'ont pas de métro, mais c'est tout comme. Même ma mère fait semblant de ne rien voir. En fait, elle voit très bien, mais elle se dit trop épuisée pour s'occuper de mes problèmes. Et puis elle fait la gueule toute la journée. Sauf avec son chien. Ah, lui, elle lui parle ! Mais moi, que dalle ! » Son phrasé est sec, brutal, souvent argotique. Elle me lance les mots à la figure comme pour me faire réaliser la violence de ce qu'elle vit. L'ignorance de ses proches est une plaie ouverte qui ne peut se refermer.

Véronique témoigne d'un mal moderne : la misère relationnelle qui circule dans nos pays d'opulence. C'est la misère intérieure que Majid Rahnema dénonçait dans *Quand la misère chasse la pauvreté**. Par cette œuvre majeure, il nous sommait de prendre conscience que le discours économique dominant, en nous faisant croire que la croissance économique est la seule à pouvoir en finir avec la pauvreté, n'était qu'un leurre. Il démontrait que cette croissance, loin de nous enrichir, nous appauvrit dans nos liens, nous isole et propage une solitude abyssale et destructrice. Véronique le dit avec ses propres mots. Consultation après consultation, elle explique combien elle et ses proches sont tombés dans une vie qui les éloigne. Une spirale qui les oblige à travailler de plus en plus dur pour pouvoir s'offrir le maximum de tentations, à eux et à leurs enfants. Cette cadence de vie imposée empêche toute relation de s'épanouir. Les visages se ferment, les mots disparaissent ou sont lancés au visage, la violence s'installe.

Tout ce qui fait naître l'empathie – cette capacité à s'identifier, à ressentir et à éprouver ce que vit l'autre

*. Majid Rhanema, *Quand la misère chasse la pauvreté*, Fayard/Actes Sud, 2003.

– s'assèche, se vide de sa substance. En même temps que nous sommes devenus insensibles aux arbres de la forêt à force de marcher les yeux rivés au sol, nous sommes devenus des êtres fantomatiques qui ne sont plus disponibles pour leurs pairs. *À mon sens, la crise relationnelle et la crise environnementale sont telles des sœurs siamoises.*

Chaque jour, à l'image de Véronique, des parents et des enfants de notre pays dit riche et moderne témoignent de leur détresse relationnelle, une détresse que je dénonce sous le terme de *malnutrition culturelle**. Cette malnutrition repose sur des relations désaffectivées, des liens émotionnellement vides, comme si une forme de fatigue d'être soi empêchait toute expression. Il peut en résulter à l'intérieur même des familles des sentiments de non-reconnaissance. Les parents disent leur difficulté à se reconnaître dans leurs enfants. Ils se désolent de ne pas les comprendre, et tous vivent ensemble en se perdant de vue. D'où un terrible appauvrissement aux conséquences redoutables, allant de la violence verbale à la violence physique actée et, en dehors de la sphère familiale, aux incivilités quotidiennes, actes

*. Sophie Marinopoulos, *Une stratégie nationale pour la Santé Culturelle. Promouvoir et pérenniser l'éveil culturel et artistique de l'enfant de 0 à 3 ans dans le lien à son parent (ECA-LEP)*, rapport ministériel, 2019.

de malveillance, replis sur soi, envies de réduire les autres à néant.

L'assombrissement atmosphérique

Au-delà du fait qu'ils marchent dans la nature les yeux rivés au sol, il faut souligner que nos enfants pratiquent dans l'ensemble peu d'exercice physique – c'est le constat que font les pédiatres et les nutritionnistes. Déposés en voiture à la porte de l'école, ils sont éjectés de leur siège, les parents ne prenant plus le temps de se garer de peur de se mettre en retard. Dans les rues aux abords des établissements scolaires, l'ambiance est alors électrique. Nulle trace de civilité. Chacun fait comme ça l'arrange. L'individualisme bat son plein. C'est notre «jungle» à nous. Le sujet de la perte d'activité physique qui est à associer à une perte d'autonomie et de liberté n'est pas récente. William Bird médecin britannique et conseiller stratégique en matière de santé pour Natural England, a rendu un rapport en 2007 où il étudie les habitudes de déplacement des enfants de 8 ans dans une famille anglaise entre 1926 et 2007. En quatre générations, la réduction de la distance parcourue seuls par les enfants est passée de 9 km à 300 mètres. Si en 2007 le jeune Ed Thomas avait le droit d'aller au bout de sa rue à moins de 300 mètres, en 1979 sa mère Vicky pouvait aller seule à la piscine à 800 mètres de chez elle. En 1950, le grand-père Jack pouvait se promener dans les bois à 1,5 km de chez lui. Mais son arrière-grand-père George pouvait aller pêcher à 10 km de sa maison.

Les plus jeunes enfants, baladés en poussette, ne marchent pas davantage que leurs aînés. Assis à hauteur des tuyaux d'échappement, ils semblent se dire : *À quoi bon regarder au-dessus de soi, puisque le monde d'en haut a l'air inhospitalier et qu'on s'y sent seul ?* Le monde d'en haut, c'est le monde des grands, des adultes, ceux qui ont un long corps et qui peuvent voir loin devant. Mais cela fait longtemps que les enfants ont repéré nos *still faces*. Ils ont bien compris que devenir grand ne paraît pas permettre de voir mieux ni plus loin. Avant même d'avoir 3 ans, ils perçoivent que rien de ce qui se passe au-dessus de leur tête n'est très enviable. Eux qui grandissent par imitation, qui s'imprègnent de ce qu'ils voient, qui recopient les gestes observés en les associant aux contextes dans lesquels ils sont exécutés et aux paroles qui les accompagnent, constatent très tôt que notre horizon est bouché.

Nos regards fixes qui n'ont plus la capacité d'embrasser l'espace influent directement sur la manière de regarder de nos enfants. Leur champ de vision se rétrécit et ils perdent de vue l'immensité de la terre. Quand Vincent Estellon évoque l'importance de «l'entour atmosphérique de la parole du rêveur» lors d'une séance psychanalytique, ces mots résonnent avec le monde de l'enfance: «Si cet entour atmosphérique est si important cliniquement, c'est qu'il participe d'une mise en contact entre deux mondes différents: le monde de soi et le monde de l'autre. La qualité d'une écoute offre à la parole de celui qui parle un accueil, une réverbération, mais aussi une certaine forme de reconnaissance esthétique*.»

Le sourire comme production esthétique dotée d'une intentionnalité sous-tend un mouvement de reconnaissance. Il permet le partage d'un *horizon d'attente* entre celui qui parle et regarde l'enfant et l'enfant qui écoute et regarde l'adulte le regarder. L'enfant en attente de grandir quête sans cesse les éléments qui vont lui permettre d'avancer et de vivre dans une écoute sensible à son environnement. Il est alors dans une posture d'accueil, une réception passive et active tout à fait comparable à l'écoute flottante du psychanalyste, lequel, loin d'être dans une attention distraite, invite en fait à un recueillement au plus profond de soi. La prétendue distraction de nos enfants est en réalité une écoute savante de ce qui les entoure. La réception amodale de

*. Vincent Estellon, «La musique des mots à l'épreuve de l'écoute en psychanalyse», *Topique*, vol. 4, n° 129, 2014.

l'atmosphère au sein de laquelle ils se déplacent leur demande à la fois une tension vive, celle de l'écoute par les sens, et un détachement. C'est ce détachement qui nous leurre. Nous le prenons pour une forme de légèreté, alors qu'il est fait d'un ancrage tonique sensoriel intense.

Lors des consultations avec de très jeunes enfants, nous sommes immédiatement propulsés dans ces relations sensorielles, véritables fabriques atmosphériques. Avec eux, le mouvement remplace le mot, le regard vaut geste, et toute initiative est une invitation au partage. Telle est l'atmosphère dont les bébés ont besoin pour se mettre à grandir, à penser. Faire penser les bébés : voilà une drôle d'idée ! D'autant qu'on n'apprend pas à un bébé à penser ; on lui offre simplement un appui relationnel qui lui permet de se mettre à penser. Et qui dit atmosphère relationnelle dit atmosphère d'expressions, où il peut lire comme dans un livre ouvert.

On pourrait se dire : venir consulter avec un bébé, à quoi ça sert ? Quel est l'intérêt de parler avec celui qui ne parle pas ? Comment puis-je affirmer qu'ils me font des confidences, eux qui ne prononcent pas un mot ? Dans les consultations avec de jeunes enfants, tout est question de dialogue interprétatif, de plongée dans une vie fantasmatique. Quand la petite Mia est arrivée dans les bras de sa maman, toutes deux étaient très calmes et rien ne pouvait laisser deviner des difficultés. Mais, très vite, cette maman qui paraissait solide a fondu en larmes, s'est brisée en mille morceaux, provoquant chez l'enfant une telle tension musculaire qu'elle est devenue un *corps-bâton*. C'est à ce corps dur que je me suis adressée. Mais aussi à ce corps-à-corps qui venait dire, pour cette enfant, la douleur de ne pas pouvoir être portée et, pour cette maman disloquée, celle de ne pas réussir à la tenir. Je me suis adressée à Mia puis à sa mère et enfin à elle deux. Donner du sens aux éprouvés bruts, revient à poser un premier échafaudage suffisamment solide pour chacune.

Alors que la psychanalyse se propose de faire du lien en prenant appui sur la vie fantasmatique et émotionnelle – sur les manifestations corporelles d'un bébé et l'état émotionnel d'une mère –, cette écoute sensible tend à disparaître au profit d'une approche de soin qui rationalise les causes du mal-être.

J'ai vu récemment un documentaire dans lequel on suivait un professeur de pédopsychiatrie au sein de son service. On le voyait s'adresser à un enfant d'une dizaine d'années en lui expliquant sa « problématique » à l'aide de deux grands dessins du cerveau. Il localisait la difficulté de l'enfant sur un point précis du graphique, justifiant ainsi le traitement par Ritaline, traitement qui, bien entendu, rendait l'enfant plus

« adapté » – à son milieu scolaire s'entend. « Tu vois, depuis que tu as le traitement, c'est beaucoup mieux, hein, tu es d'accord, c'est beaucoup mieux. » L'enfant reste silencieux, sourit timidement, mais n'acquiesce pas. C'est inutile, puisque la question était purement rhétorique ; elle incluait d'autorité sa réponse.

Cette courte consultation exposée devant les caméras m'a mise mal à l'aise, car même s'il y avait beaucoup de bienveillance envers l'enfant, il était aussi annulé dans son existence relationnelle. Il était devenu l'objet d'un discours, l'objet d'un soin, l'objet narcissique d'une médecine psychiatrique dont l'approche cognitiviste réduit l'humain à une organisation cérébrale qu'il est assez simple de « soigner ». Une approche qui colle à notre temps, où la rationalisation occupe une place centrale dans les approches scientifiques.

La belle indifférence

Les mères dépressives nous ont beaucoup appris sur les effets d'un corps inhabité, des regards vides, des gestes mécaniques. Elles nous ont permis de comprendre pourquoi le corps vidé de toute existence psychique ne peut servir d'appui au bébé. Car il ne suffit pas d'avoir des bras pour porter son enfant. En les observant, nous avons pris la mesure du sentiment abyssal de perte qui envahit le bébé, faisant craindre sa mort psychique si des soins ne sont pas rapidement prodigués à la mère, qui s'enfonce dans la douleur lente que provoque la dépression.

Aujourd'hui, nous pourrions parler d'une crise généralisée de l'expression de nos sensibilités. Une crise dépassant de loin la question des mères dépressives. Une crise produisant une société dépressive qui nous coupe les uns des autres. Or, en nous privant de cet *autre expressif soutenant*, nous engageons notre survie. Le retrait de la part vivante de nos existences est un puissant poison.

Pour désirer vivre, nous avons besoin d'être affecté, de ressentir des liens d'expression qui nous relient. Des liens qui nous font éprouver la présence de cet autre, même s'il nous est inconnu. Cette attente d'une altérité porteuse d'affects est au cœur de nos constructions individuelles et collectives. Les graduations émotionnelles avec leurs extrêmes, comme la colère ou la peur, doivent pouvoir s'exprimer et être reconnues. Elles ne doivent pas être rejetées, mais entendues et peut-être, si nécessaire, soignées.

C'est la raison pour laquelle on fait fausse route quand on suit les préconisations d'une pensée positive qui cherche à faire taire les manifestations affectives dites « négatives ». On néglige ainsi les effets de dissociation interne que cela peut engendrer. En faisant de la vie émotionnelle une terre divisée, certains coachs construisent des murs invisibles dans la psyché des Sujets. Ces derniers, enfermés dans un discours de pseudo-bienveillance, vivent terrorisés à l'idée de laisser sortir un cri, une colère, une larme. Engagés dans cette mission impossible, ils dépensent sans compter dans les stages dont ce secteur s'est fait une spécialité, espérant un jour atteindre le Graal de la *positive attitude.* À longueur de journée, ils se rêvent parents positifs, pensent paroles positives, actent des gestes dits positifs. Mais la recette miracle dispensée lors de ces stages si lucratifs (pour leurs organisateurs) ne prend pas. C'est alors que la situation bascule, que le ton change, que l'enfant récalcitrant à la méthode devient un enfant négatif, un agresseur, un ingrat qui ne fait aucun effort, alors que son parent positif sacrifie son temps, son argent et son énergie pour le bien-être de tous. Cela débouche sur la maltraitance dorée, celle des beaux quartiers, des milieux favorisés, où le budget du foyer consacré à la *positive attitude* aligne les 0.

Dans ce contexte, nos existences subissent une forme d'*hystérisation.* Ce mot nous renvoie un siècle en arrière vers les travaux de Pierre Janet, philosophe et neurologue, collègue du célèbre Jean-Martin Charcot. Passionné par l'hystérie dans sa dimension psychologique, Janet pensait qu'elle pouvait être liée à une peur intense ou à une forte émotion: «Un traumatisme peut engendrer une idée dont l'action sur le système nerveux déjà vulnérable de la personne provoque un symptôme: crise, paralysie, incapacité de marcher, d'entendre ou de voir, fugues ou somnambulisme.» Janet est allé plus loin que son mentor et a été le premier à parler de dissociation en rapport avec l'hystérie, définissant ainsi le terme comme «une séparation entre des systèmes d'idées et des fonctions constitutives de la personnalité. Pour Janet, tout se passe comme si une idée, système de pensée partiel, s'émancipait, devenant indépendante et se développant à son propre compte. Il en résulte, d'une part, que son développement est excessif et, d'autre part, qu'elle semble échapper au contrôle du conscient. L'hystérie résulterait donc d'une séparation systémique qui permet à une partie dissidente de la personnalité d'errer sans direction*».

En intériorisant l'idée selon laquelle il existerait des émotions nobles auxquelles on peut donner la parole et d'autres qui doivent être tues, nous donnons corps à une forme nouvelle d'hystérisation et favorisons

*. Siri Hustvedt, *La Femme qui tremble. Une histoire de mes nerfs*, Arles, Actes Sud, 2010. Les citations de Janet sont tirées de Pierre Janet, *The Major Symptoms of Hysteria. Fifteen Lectures Given in the Medical School of Harvard University*, Londres, Macmillan, 1907.

l'errance de tout un pan de notre vie émotionnelle. L'errance émotionnelle n'est jamais bon signe en termes de santé – santé individuelle ou santé collective. Une émotion non accompagnée est source de violence. L'émotion a besoin d'être réceptionnée et *transformée.* Les coachs du bonheur font fausse route quand ils imaginent qu'il suffit de « dire » pour aller mieux.

Prenons le cas des larmes. En les faisant disparaître, en les rendant silencieuses, on s'autorise à les nier, ce qui semble transmettre le message : *nous ne voulons pas entendre parler de vos tempêtes existentielles personnelles.* L'interdit de déranger est bien là, transformant ceux qui souffrent, qui s'angoissent, qui ont peur, en citoyens sans voix, en Sujets invisibles. C'est une décision coûteuse qui conduit leur souffrance silencieuse à déborder, à s'échapper de leur corps, à devenir angoisse, obsession, douleur somatique. Abandonnés et seuls dans leur vécu, ils cherchent des compromis psychiques pour ne plus ressentir l'insupportable. Ils clivent, s'enfuient dans des addictions, attentent à leurs jours, se créent des présences virtuelles à travers des voix qui peuvent les pousser à des actes dangereux.

La souffrance en errance, non contenue et non accueillie, est une question de santé publique le plus souvent traitée comme relevant plutôt de l'*ordre* *public.* Mais tout se joue dans une *belle indifférence**, dans un déni du mal qui afflige nos vies.

Le déni des larmes

Nos cabinets de consultation sont des lieux préservés d'écoute. Le grain de la voix, les tonalités, le souffle, le rythme, le silence : tout vient marquer l'espace thérapeutique de cette musique que porte la parole. La musicalité du « dire » est l'alliée de nos accueils. Dans ce travail, notre *réserve d'écoute* ouvre chez le patient la possibilité d'entendre autre chose. « La qualité d'une écoute, dans bien des cas, autorise non pas tant à changer de point de vue, mais surtout à changer de point d'entendu**. »

Toute éthique d'écoute demande du temps : du temps pour écouter, puis pour transformer ce qui a été dit. C'est un temps long, un temps qui s'étire et que notre société moderne a pris en grippe. Pas question de perdre la valeur temps, associée dorénavant à celle d'efficacité. Aussi, confrontés à une souffrance considérée comme trop exigeante en termes de temps et de présence, nos politiques ont choisi *en conscience* non pas de soigner, mais d'ignorer. Au lieu de chercher

*. L'expression est de Pierre Janet.

**. Vincent Estellon, « La musique des mots à l'épreuve de l'écoute en psychanalyse », art. cité.

à apaiser nos larmes, nous avons commencé à exiger qu'elles se taisent. Nos lieux de prévention thérapeutique, comme les services de psychiatrie ou les centres médico-psychologiques *pour se dire*, se sont vu priver de moyens ; le nombre de spécialistes de la psyché humaine a été divisé par trois, obligeant à patienter des mois, voire plus de deux ans, pour y avoir accès. Ce qu'on appelle poliment aujourd'hui les « listes d'attente » reflète tout simplement le choix qu'a fait notre société de renoncer à prendre soin de la vulnérabilité. Par cet acte d'abandon, nos dirigeants avouent leur absence d'éthique de responsabilité.

Il en va de même dans le champ de la santé physique, et nous voyons un corps médical en pilote automatique occupé à bilanter et à orienter en silence. Le corps en morceaux a éparpillé le regard de la science, devenue une spécialiste des corps-objets qui détruit toute existence du Sujet. On entre dans le bureau de consultation sans avoir été appelé par son nom, on s'assoie sur commande, on entend les questions qui sortent d'une bouche et on y répond, sans voir les yeux de celui qui parle, puisqu'il ne regarde que son écran tandis que ses mains glissent sur son clavier. La *consultation still face* est désormais notre quotidien. Entre ces quatre murs blancs, on ne raconte rien ; on ne fait qu'égrener des informations qui, une fois enregistrées, définiront le prochain bilan.

Nos patients arrivent de plus en plus souvent morcelés dans nos cabinets, portant sous le bras un bout de corps abîmé, quand ce n'est pas tout leur corps qui est épuisé, en burn out, un corps somatique à la recherche d'un lieu pour se reconstituer. À l'instar du bébé naissant qui ne sait pas si son bras est attaché à son buste, les patients adultes se présentent sans savoir si la partie bilantée de leur corps fait toujours partie de leur enveloppe corporelle. Ce sont ces corps en mille morceaux que nous devons tenter de rassembler au plus vite pour, plus tard, engager un travail sur le récit personnel.

À peine la porte de notre bureau refermée, cette dépossession corporelle s'exprime par des explosions de larmes. Nous les recueillons une à une, laissant le temps au temps pour permettre au patient de reconstituer son identité corporelle et, à nouveau, de parler sa douleur.

Le silence du patient s'explique parfois par une prise médicamenteuse. Nous nous félicitons des progrès dans ce domaine quand la douleur peut être apaisée. C'est un bénéfice pour le soigné, le soignant et l'institution. Mais jusqu'où ?

Je me suis posé cette question pour la première fois il y a une quinzaine d'années lorsqu'une très jeune fille s'est présentée seule, douloureuse, et a été orientée par les urgences pour accoucher dans le service où je travaillais. Elle ne s'était pas rendu compte qu'elle était enceinte. Paniquée, elle pleurait beaucoup. La péridurale ayant été posée rapidement, la souffrance physique disparut, au grand soulagement de tout le service. La sage-femme venait régulièrement constater l'avancée du travail, comme pour n'importe quelle autre patiente. Or, si la douleur physique était apaisée, l'état de panique, lui, ne cessait de s'aggraver. Il lui aurait fallu non pas une nouvelle dose d'antalgique, mais un point d'appui pour vivre cette épreuve – une main pour tenir la sienne. Cette main n'est jamais venue.

Au-delà de ce cas particulier, des centaines de femmes prises dans un sentiment de solitude au lendemain de leur accouchement viennent nous consulter. Elles témoignent d'une médecine qui ne les entend plus. Dès qu'une angoisse se manifeste, elle est muselée par un discours rationnel : « Vous avez peur d'accoucher, mais non, regardez : si on compare le périmètre crânien du bébé et le périmètre de votre bassin, vous voyez, ça passe. » Surprenante médecine qui s'est transformée en bon petit soldat au service d'une économie aveugle et impudique. Une médecine à l'image de la société, qui s'est perdue et révèle l'infiltration au plus profond de notre chair d'une logique économique portée par la *rationalisation extrême du monde*. L'ensemble des activités humaines

– personnelles, collectives, privées, publiques – s'intègre dans cette logique qui se réfère sans cesse à un niveau de rendement. Cela a une incidence directe sur nos existences, sur l'éducation, sur l'environnement, sur la santé, sur nos lieux de vie. Nous avons réussi l'exploit de créer des politiques publiques qui préfèrent renforcer le silence des larmes plutôt que les lieux pour les comprendre et les partager. Toutes proportions gardées, ces arrangements politiques qui passent presque inaperçus tant ils se sont banalisés sont une forme moderne de *banalité du mal**. Notre rationalisation est faite de petits actes anodins capables de nous couper de notre propre humanité. Des violences quotidiennes, discrètes, qui s'expriment ici et là et que nous finissons collectivement par accepter. Or ce n'est pas parce que nous nous sommes habitués que c'est acceptable. Le déni de la maladie porte un nom : anosognosie. Ne devenons pas anosognosiques ; refusons ce qui nous empêche de tenir debout.

*. Terme forgé par la philosophe Hannah Arendt à propos d'Adolf Eichmann, cet officiel nazi qui, sous des dehors de médiocre petit fonctionnaire et d'individu banal, avait commis les pires crimes.

Conseils de l'enfant à un dirigeant
On dirait que…

- Mon enfance est au centre de tes préoccupations.
- Tu sais que l'expérience du sensible pacifie nos liens et équilibre notre rapport à la terre. Tu en tiendras compte dans toutes tes décisions.
- Tu as conscience qu'expérimenter sensoriellement dès le premier âge fait naître la pensée.
- Tu ne confonds pas éveil et stimulation.
- Tu comprends le lien entre les crises sociale, sanitaire, environnementale et climatique et les conditions dans lesquelles je grandis, et tu en tiendras compte.
- Tu as compris que l'errance émotionnelle est un fléau sanitaire.
- Tu te rappelleras que l'enfance et la terre sont dans une même attente de soins.

CHAPITRE II

La quête de la verticalité

La séance

Françoise Dolto a su faire exister les bébés en leur parlant comme s'ils étaient des grandes personnes, signifiant ainsi que l'enfant était digne d'une «adresse». S'adresser à lui revenait à le reconnaître comme un «être de relation» et lui conférait une valeur d'être parlant, même si son immaturité native ne lui donnait pas accès aux mots.

Après sa disparition, sa consultation a continué sous la direction de Caroline Eliacheff. Celle-ci a poursuivi les thérapies d'enfants placés en pouponnière, donc séparés de leurs parents, soit dès la maternité, soit dans leurs toutes premières années, afin de les protéger d'un milieu inadapté. Carences, maltraitance, abus étaient le lot de ces tout-petits. Certains recevaient de leurs parents des visites médiatisées, d'autres, abandonnés à la naissance, attendaient une décision d'adoption.

Pour Françoise Dolto, devenir psychanalyste ne se faisait pas que sur le divan. Aussi, elle consultait en présence d'un groupe de professionnels en formation psychanalytique. En lui succédant, Caroline Eliacheff a poursuivi cet enseignement, et j'ai eu l'occasion de faire partie de l'un de ces groupes.

Un jour, un enfant de 3 ou 4 ans arrive à son rendez-vous. La porte s'ouvre et son éducatrice le laisse entrer seul dans le bureau, comme le veut la consigne pour tous les enfants suffisamment grands. Il n'a l'air ni inquiet ni surpris. Ce n'est pas sa première séance. Il connaît bien sa thérapeute. Caroline lui dit bonjour en l'appelant par son prénom. Il ne lui répond pas. Il nous dévisage, comme pour s'assurer que nous sommes toujours là, puis baisse les yeux, semblant pris dans une profonde réflexion. Il reste ainsi immobile au milieu de la pièce. Caroline l'invite à s'avancer et à choisir ce dont il a envie pour débuter sa séance. Un bureau de consultation n'est pas une garderie. Il y a quelques jouets qui permettent à l'enfant de projeter ses émotions, son imaginaire, et de tenter de faire vivre ses sentiments internes. Ce matériel facilite l'accès à sa vie intime, à l'image de la pâte à modeler, des crayons de couleur, des objets en bois, des animaux, des poupons.

L'enfant ne réagit pas, garde le silence. Après quelques minutes, ses épaules s'affaissent, puis tout son corps suit le mouvement, et une fraction de seconde plus tard il est au sol et éclate en sanglots. Caroline l'interroge sur ces larmes, cette tristesse soudaine. Le buste penché au-dessus de l'enfant, elle lui parle avec douceur, lui pose des questions courtes et tente de trouver le mot juste. Chagrin, peur, colère : de quoi s'agit-il ? Il ne répond pas. Elle lui demande s'il a besoin de quelque chose. Rien. Elle lui propose d'arrêter la séance, de quitter la pièce et d'aller retrouver son éducatrice s'il le souhaite, mais il ne bouge pas.

Notre tension collective est palpable. Nous voudrions nous précipiter vers l'enfant, le prendre dans nos bras, le consoler, sécher ses larmes, nous blottir contre lui pour lui dire qu'il n'est pas seul. Mais l'autorité posée par notre cadre de formation est la plus forte : personne ne bronche. Recroquevillée sur moi-même, je tente de canaliser ma souffrance. Je trouve que Caroline est vraiment sans cœur. Elle voit bien que l'enfant ne sait même plus où se trouve la porte. Qu'il est incapable de ressortir seul de ce bureau. Qu'il faut l'aider absolument.

Au bout d'un temps immensément long, Caroline annonce : « Ta séance est finie, je te dis au revoir et à la semaine prochaine. » Silence. Une ou deux minutes passent avant qu'on ne devine un mouvement de redressement de son corps. Il relève la tête ; ses larmes, qui ont laissé des traces humides sur ses joues, ont cessé. Il se redresse complètement, dit au revoir à sa thérapeute en la regardant droit dans les yeux, puis se dirige vers la porte qu'il ouvre *comme si de rien n'était*. Nous sommes abasourdies. Caroline n'a rien laissé paraître de son trouble éventuel, mais j'ai cru apercevoir une ébauche de sourire adressée à l'enfant. Elle est fière de lui, fière de son courage. Il repart habité par ce sentiment non dit, mais transmis. Il ne sera plus jamais seul.

Cette séance sur le chemin de la verticalité a marqué ma pratique, mais aussi mon existence sociale et personnelle. Ma carrière et ma vie ont été rythmées par des appels désespérés de patients ou de proches, et cet enfant m'a permis de comprendre mieux que tous les enseignements du monde ce que signifie *s'effondrer*. Ce moment où « ça lâche », où tout paraît fragile et où se tenir simplement debout est un tour de force se produit parfois dans nos vies sans crier gare. La mort, le handicap, le désamour, mais aussi les déceptions, les désillusions, les conflits, la violence, les promesses non tenues sont autant de moments de rupture. Pour dépasser leur caractère inconcevable, il nous faut trouver des appuis. Lorsque nous sommes ainsi bouleversés, touchés dans notre construction interne, notre échafaudage psychique vacille, et, comme l'enfant, nous cherchons à rester debout, à maintenir notre verticalité, à faire taire ces voix qui nous murmurent que nous ne valons pas grand-chose ou que rien ne vaut d'être vécu. Heureux ceux qui n'ont jamais ressenti cela. Pour certains, croire encore en des raisons de vivre, nourrir son sentiment d'exister, ne pas se laisser aller à la désespérance, ne pas céder à la volonté d'une vengeance salvatrice est au-dessus de leurs forces. L'impression de sombrer se traduit parfois par des angoisses abyssales qui peuvent faire perdre la raison. Winnicott disait souvent qu'il soignait des personnes ayant perdu le *sentiment d'exister,* des personnes au bord d'un précipice, capables de passer à l'acte pour se sentir en vie. On pense au cas de Richard Durn, cet homme qui, en 2002, fit irruption dans la salle du conseil municipal de Nanterre et tua huit élus. Deux jours plus tard, échappant à la vigilance de ses gardiens durant un interrogatoire, il se défenestra. Après sa mort, on a retrouvé ses carnets intimes, et notamment cet aveu terrifiant : « Il va falloir que je fasse quelque chose de terrible pour un jour avoir le sentiment d'exister. »

Avec le recul, je mesure la valeur de ce que m'a enseigné cet enfant. Il a indirectement contribué à mon engagement en faveur de la prévention. J'ai eu de multiples autres occasions de constater combien les temps de fragilité sont fréquents dans nos vies. À force de voir des enfants perdus dans leur être, des jeunes désorientés dans leur devenir, des couples malmenés dans leurs choix, des parents ayant commis l'inacceptable, j'ai acquis la certitude que nous devons tout faire pour que ces défaillances soient évitées. Anticiper ces situations de vacillement ou de basculement dans l'impensable : telle est la visée de mon engagement. La non-violence, les relations apaisées, la paix, tout simplement, reposent sur notre capacité à les prendre en compte et à les prévenir.

J'ai acquis cette expérience auprès de ceux qui ont touché de près leur vulnérabilité. Je connaissais la mienne, j'ai éprouvé la leur. L'ignorer, la minimiser, imaginer qu'un mal-être va se dissiper tout seul, comme par magie, ainsi que je l'entends dire régulièrement, revient à jouer avec le feu, et surtout à perdre de vue ce qui nous constitue.

Plonger dans la vie des autres : la primauté de la relation

Il est étrange de se dire que naître en vie ne suffit pas pour se sentir vivant. Que notre verticalité repose sur une ossature immatérielle qui elle aussi connaît des fractures. Qu'il faut beaucoup plus que de l'air dans nos poumons pour prétendre vivre et avoir une existence. Qu'il faut plus que des os et des muscles pour se redresser. Notre histoire d'*Homo sapiens* est assez stupéfiante. Notre dépendance native, source de vulnérabilité, devient une force pleine de promesses sous l'effet de notre appétence à aller vers un autre que soi. Notre besoin essentiel/existentiel d'entrer en relation pour vivre, grandir, vieillir, mourir, implique d'accepter le fait que notre vie ne tient qu'à un fil, à une main tendue, à un élan pour aller vers cet autre. Il faut alors comprendre que c'est en développant de la confiance que l'on peut s'engager dans la vie.

Pour exister, nous avons besoin d'entrer en relation, d'être affectés, touchés, engagés. La confiance est au fondement de notre métamorphose, celle qui consiste à troquer notre condition native néoténique contre notre condition névrotique. À passer du corps qui porte aux affects qui lient. Cela conduit à aimer pour exister et faire exister les autres. L'amour comme condition d'existence rend la vie excitante, certes, mais aussi bien incertaine. Est-ce qu'amour rime avec toujours ? Telle est la lancinante question qui nous anime.

Pour les enfants, elle est vitale. Quand l'amour ne se manifeste pas sous la forme de bons soins ajustés, l'enfant ne peut pas s'éveiller ; il est privé de l'essentiel. Cet environnement inadapté et hostile a des effets sur sa psyché. Jamais rassuré, il quémande des liens de corps-à-corps, incapable de construire des liens de pensée. Tout le porte à l'effroi, et le moindre éloignement est vécu comme un abandon.

Dans les situations de maltraitance que j'ai eu à traiter lors d'expertises pénales, il m'est arrivé de voir de jeunes enfants que je savais battus et affamés affectivement s'agripper à leurs parents. On pouvait alors croire qu'ils leur étaient très attachés, alors qu'en réalité ils exprimaient seulement un agrippement corporel désespéré. Il en est ainsi chaque fois que la psyché ne prend pas le relais du corps soutenant.

Aimer, c'est exister; exister, c'est aimer. Cela relève bien d'un processus créatif qui n'est pas sans exigences. Si l'amour entre deux personnes peut paraître aller de soi, répondre à une sorte de fluidité et d'évidence, ce qu'ils créent ensemble requiert toujours une forme de *travail* dans laquelle l'effort, le doute et l'hésitation sont présents, discrets, invisibles. J'aime à parler du travail de l'amour pour rappeler cette temporalité qui nourrit, enveloppe toute relation. Quand on entend certains discours réclamer « plus d'amour » pour résoudre ou atténuer les problèmes du monde, je perçois une naïveté digne de la fée Clochette, qui, en agitant sa baguette magique, ferait surgir l'amour entre les êtres, pacifiant durablement leurs liens. Le déni des besoins de reconnaissance et de réciprocité des liens affectifs réside précisément dans cette croyance, transformée en coûteuse défense psychique.

Accueillir revient à déployer des capacités hospitalières. À recevoir la part d'inconnu qui se présente à nous. Nos enfants, nos conjoints, nos amis peuvent parfois nous projeter dans un sentiment étrange, une sorte de malaise. Nous sommes alors traversés par l'inquiétude, mais aussi par la déception. « On ne s'attendait pas à ça de lui », confient les parents de Hugo, qui, à l'approche de ses 13 ans, leur est devenu méconnaissable. « Il n'a jamais fait cela avant, ce n'est pas lui, c'est pas possible », pleure Anna en évoquant son mari distant.

Les attentes déçues, le surgissement de l'incompréhensible fragilisent les liens. C'est alors qu'intervient le travail de l'amour. Un travail pour comprendre, pour maintenir une présence malgré la douleur, la stupéfaction et l'envie de tout lâcher, à commencer par celui qui ne répond plus aux attentes. Celui qui fait naître de l'inconfort.

Avec la relation naît toujours la crainte qu'elle ne s'arrête.

La relation et la petite mort

C'est à l'aube de la naissance de nos enfants que nous frémissons en éprouvant cette faille indicible. Donner la vie, c'est prendre le risque de la mort, et c'est ce que les femmes portent en leur chair, elles qui survivent à la mise au monde de leur enfant. Toute mère est une miraculée, et sa relation charnelle à l'enfant incarne ce pacte du vivant. Elle ne cesse d'aller voir dans sa chambre pour s'assurer qu'il respire toujours. Elle pose sa main sur son dos pour sentir les battements de son cœur dans sa paume. Elle hume son souffle pour qu'il pénètre dans sa chair. Ce n'est pas qu'elle aime davantage; simplement, elle a palpé l'instant où tout peut s'arrêter. Alors, seul le contact charnel la rassure. Par identification, des pères, des mères adoptives qui ont donné la vie autrement peuvent avoir des comportements similaires. Ils éprouvent différemment dans leur chair la sensation de la perte qui rôde, toujours.

Au-delà de la mise au monde, d'autres paroles de parents prennent l'allure d'un semblable aveu. «J'ai peur de le lâcher», me confie ce papa quand il se voit chargé pour la première fois de la tâche initiatique de donner le bain. En offrant la vie, nous voyons se profiler la mort – la mort de celui dont nous sommes dorénavant et pour toujours en responsabilité, mais aussi la nôtre, qui se dessine derrière les bras qui peuvent faillir. Nous avons tous été celui qui pouvait être lâché. Jamais dit mais toujours su, cet aveu existentiel est notre compagnon de vie. Il contient la part d'ambivalence, source d'impossible et de tentation, que porte toute relation. Le bébé l'éprouve au son de son premier cri.

« Quand l'ombilic se ferme, la bouche s'ouvre*. » Le nouveau-né inspire alors de l'air et de l'Autre, puis les expire.

C'est ce double mouvement qui compose la relation. Il s'agit de prendre en soi ce qui est donné et en même temps de limiter, de rejeter. Un exercice complexe pour les parents tout juste nés. Ils tâtonnent face à leur nouveau-né, cherchant à comprendre ce qu'ils doivent faire. Donner en continu ? Donner et attendre ? Partir et revenir ? Ne jamais partir ? Les questions s'enchaînent sur les thèmes du sommeil, du confort, de l'alimentation, des pleurs. Il s'agit toujours d'interprétations, de tentatives pour trouver la juste distance. Pour aimer *juste bien comme il faut*, me déclare la maman de Chloé au troisième jour de sa fille. Une maman familière de la culpabilité et des blessures narcissiques, jamais loin quand le sentiment de ne pas être à la hauteur s'invite dans la relation.

On peut voir des bébés envahis par des parents qui donnent sans compter, sans jamais leur offrir un moment de solitude, un espace-temps pour s'éveiller. À l'inverse, on assiste à des situations où l'enfant est

*. Denis Vasse, *L'ombilic et la voix*, Points, 1999.

oublié dans ses besoins premiers, le parent surgissant quand bon lui semble, sans jamais questionner les besoins propres à son bébé.

On retrouve ces mouvements à l'identique dans les relations amoureuses. Certains conjoints ne savent pas limiter l'expression de leur amour, devenant envahissants, exigeants, transformant ce lien d'amour en enfermement. D'autres au contraire apparaissent et disparaissent sans se préoccuper de la détresse que leur comportement provoque chez leur conjoint.

Ce qui compose toute relation crée une prise de risque – « le pouvoir de tuer, de nier autrui, de supprimer son altérité, de renoncer à tout dialogue* ».

En cela, *être en relation* est une incroyable responsabilité et requiert de prendre soin de cet Autre. Pour le parent, il s'agit de prendre soin du nouvel arrivant, fragile et dépendant, mais aussi de se sentir en responsabilité au regard de ses propres vulnérabilités, de ses propres excès.

Pour Levinas, « le sujet individuel n'est pas le point de départ de l'éthique et de la politique, mais la relation est première** ». Vivre, c'est être en responsabilité

*. Emmanuel Levinas, cité *in* Corine Pelluchon, *Pour comprendre Levinas. Une philosophie pour notre temps*, Paris, Seuil, coll. « La couleur des idées », 2020.

**. *Ibid.*

dans une prise de conscience que la relation engage toujours des liaisons dangereuses.

« Prends tes responsabilités » : c'est une phrase commune de notre vie relationnelle, parfois enveloppée de colère, de reproches, de haine générés par la relation. Il y a de la déception quand on a le sentiment qu'une parole n'a pas été tenue. Il arrive que des patients viennent témoigner de leur refus d'engager plus de responsabilité que celle qu'implique déjà leur propre vie. « J'ai bien assez à faire avec moi-même pour imaginer me mettre en couple. Je suis très bien toute seule », déclare Claire dès sa première séance. À ses yeux, donner de l'amour entraîne trop de responsabilités, trop d'exigences si l'on veut réussir à vivre à deux tout en respectant la liberté du conjoint. Claire se dit lucide et tente par le célibat de contrôler ses excès. « Je sais que si j'étais en couple, je voudrais que tout soit fait comme j'ai envie. Mais ne vous inquiétez pas, j'ai des aventures et c'est très bien comme ça. » Claire me prévient donc que l'amour toujours, ce n'est pas pour elle.

Moi, j'entends : « Surtout, ne regardez pas là où je vous dis de regarder. » L'analyse a commencé.

Comme beaucoup de femmes ou d'hommes, Claire refuse d'être en couple ou d'avoir des enfants, suscitant la stupéfaction, mais aussi les critiques de son entourage. Nombre d'experts expliquent ces situations par les conditions sociales ou familiales des personnes. « Ses parents ont divorcé, il ne veut pas reproduire cet échec » ; « Elle a toujours été en conflit avec sa mère et elle ne veut pas devenir comme elle, donc elle préfère ne pas avoir d'enfants ».

Si l'approche semble limpide, elle reste en surface, car elle ignore l'ancrage psychique de nos existences. Elle contourne soigneusement les racines d'un mode de vie et propose une conclusion où seul le conscient animerait nos chemins de vie. Ce regard trop réducteur nourrit l'illusion selon laquelle nous serions des êtres conscients et exclusivement rationnels, maîtrisant nos pensées, nos existences, nos sentiments et nos émotions ; nous vivrions comme nous l'avons décidé ; nos relations seraient totalement sous notre contrôle. Bref, cette injonction – « Circulez, y a rien à voir au-delà de ce que vous voyez » – escamote nos ambivalences, donc nos vies psychiques. Une telle rationalisation à l'extrême, devenue une sorte de maladie chronique particulièrement contagieuse, a exclu de nos vies toute réflexion sur nos vulnérabilités, projetant dans le domaine de l'impensable les moindres pertes d'équilibre de nos pairs. Ne plus penser la vulnérabilité, faire de nos verticalités une simple volonté d'être a des conséquences autant existentielles que politiques. Car quand l'inconscient n'est plus accepté, quand il est nié dans son expression, quand on ignore ce qu'il a à nous dire, il sait s'inviter bruyamment, créant du symptôme, de la violence, de la haine.

« Être, c'est exister, et l'existence est transitive, liée à des situations et à des états psychiques, à la manière dont je me trouve, à des tonalités affectives*. »

Se noyer dans ses yeux : l'expérience de l'altérité

Qui ne s'est pas un jour perdu dans les yeux d'un enfant naissant ? Des yeux lançant de minuscules petites amarres invisibles dotées d'une telle force d'attraction qu'elles peuvent faire plier le corps épuisé de la mère tout juste accouchée vers le visage de celui qui la quémande. *Regarde-moi*, semble dire celui qui ne parle pas.

Ainsi est la naissance, puissante et chancelante, chaque protagoniste tentant de se régler sur le corps de l'autre. Le père tâtonne, la mère se rassemble, l'enfant hésite. Une seconde suffit pour que les regards se croisent, que le cri signale le choix de l'enfant et que naisse la rencontre. Émotions, chuchotements, larmes, rires : tout est tentative d'ajustement pour répondre à ces détresses en miroir.

La *relation de soin* au nourrisson avait conduit Freud à parler de la mère comme d'une personne

*. *Ibid.*

secourable. Un binôme « soignant-soigné » que le XXᵉ siècle a aimé observer, étudier, délivrant des connaissances scientifiques. Le bébé y est décrit comme un être d'emblée social qui a une appétence à la relation et des capacités communicatives immenses. Un bébé tellement « compétent » qu'on évoque une intelligence au berceau.

Quand il s'agit d'un bébé rencontrant ses parents, on parle d'*accordage affectif*, une expression qui permet de mettre en lumière ses talents d'écoute. En observant leurs interactions, on voit bien comment le bébé agit sur sa mère/son père et comment, à leur tour, elle/il interprète et donne du sens aux expériences qu'il initie. C'est un ballet d'écoute et de réponses réciproques, tout en finesse, des ajustements de gestes qui nous rappellent que la vie humaine est avant tout une question de capacité créatrice. Celle-ci doit permettre au Sujet de sentir qu'il peut agir sur son existence, qu'il a un rôle à jouer.

Dès les premiers liens, cette capacité à jouer sa vie est en marche. C'est en parlant les événements de manière systématique et en leur attribuant du sens que les parents introduisent le bébé dans un univers culturel. Ces gestes, ces mimiques, ces paroles qu'il reçoit sont de véritables signaux qu'il va emmagasiner et qui vont devenir des matrices de sens. La fonction interprétative est essentielle dans les relations humaines et permet de mieux s'adapter à son interlocuteur.

Le parent, en prenant soin de son enfant, met en scène cette identification qui témoigne qu'il est concerné par l'appel que ce dernier lui adresse. La rencontre avec autrui est ainsi une expérience complexe. C'est l'épreuve de l'altérité et aussi d'une altérité en soi. La responsabilité est dans cette double rencontre où je découvre non seulement mon nouveau-né, que je ne connais pas, mais aussi une part de moi-même que j'ignorais. « Je ne m'attendais pas à ça », me dit la maman du petit Eliot en parlant de sa difficulté à supporter son fils. Dès sa naissance, elle a été indisposée par ses pleurs, alors qu'elle est auxiliaire puéricultrice et que les pleurs d'enfants font partie de son quotidien.

On retrouve ce modèle premier de l'altérité dans la relation de soin. Le médecin, dans sa fonction d'accueillant, a une obligation professionnelle, mais aussi, au-delà, une responsabilité qui trouve sa source dans le sentiment d'être « concerné », en particulier « par la souffrance de celui qu'il accueille ». Le médecin est celui qui va faire des soins, mais aussi prendre soin dans une logique de « care ».

Dans toute relation, il faut pouvoir retrouver ce sentiment : je ne suis pas indifférent à ce que vit l'autre. Certes, cela ne me concerne pas moi, mais j'y suis sensible, parce que je m'identifie à ce qu'il peut ressentir. Si ce sentiment n'éclot pas, la rencontre risque de ne pas se faire ou d'être vouée à l'échec, avec son lot de petites violences qui vont de l'ignorance à la distance en passant par le rejet, le mépris, le désintérêt et l'humiliation.

Toute relation « en responsabilité » engage, et quand on pense à nos vies en société on mesure l'incroyable défi qui se profile pour que chaque individu puisse exprimer et ressentir cet engagement. Une réciprocité d'attentions pour prendre soin les uns des autres. Un regard nécessaire sur soi-même, un dialogue avec soi dans une vérité qui cherche à comprendre de quoi notre propre altérité est faite. Comment me suis-je construit ? Verticalisé ? Qui habite en moi pour que je puisse m'ouvrir aux autres, les comprendre, les aimer, leur vouloir du bien ?

Choisir le risque de la relation pour grandir

L'adage « Grandir, c'est se séparer » exprime bien le fait que l'aventure dans l'univers de l'enfance est émaillée de renoncements. C'est parce que je renonce à être porté que je pourrai un jour marcher. Marcher n'est pas qu'une capacité motrice, c'est aussi la mise en route d'un désir de devenir autre. Il s'agit alors de renoncer. Le renoncement est un mouvement qui permet de quitter le connu pour aller vers l'inconnu. C'est comme lorsqu'on envisage de faire un grand saut, de quitter une rive pour rejoindre celle d'en face. Il y a toujours une hésitation et un calcul, incertain, bien sûr, mais essayant tout de même d'évaluer un périmètre de sécurité dans le risque. Le saut du grandir nécessite de se sentir bien contenu et d'être convaincu autant que possible que la terre d'accueil est réellement accueillante. Grandir, c'est donc prendre des risques et les accepter. Oser grandir, c'est renouveler le pari que je peux y arriver. La condition est d'être bien accompagné, encouragé et autorisé. Il faut qu'il y entre de l'*enviable* pour accepter d'y aller, et nous pourrions décliner cette notion dans tout ce qui construit nos parcours de vie. *Créer de l'enviable* revient à laisser à l'enfant, ou à l'adulte, un espace imaginaire suffisamment grand pour qu'il veuille bien lâcher ce qu'il connaît et s'élancer au-delà de ce qui lui est familier.

Quand les enfants de 3 ou 4 ans marchent seuls, ils jouent à alterner minuscules et immenses enjambées au gré de leur imagination. On les voit se raconter des histoires où le trottoir devient un univers peuplé de personnages qu'il faut éviter ou accompagner. Mes petits-fils m'ont appris à sauter au-dessus de la rigole qui parcourt nos rues pavées pour éviter les crocodiles qui grouillent à cet endroit. En leur absence, un sourire pavlovien se dessine sur mes lèvres quand je reproduis leur habitude. Mon corps est habité de leur imaginaire.

Les enfants ont des phrasés qui, à l'image de leurs pas, font alterner longues tirades et bégaiements saccadés. Ces expressions enfantines parlées ou gestuelles donnent une belle image de leur croissance. Grandir implique des pas de tailles variables qui indiquent les frémissements, les hésitations, l'appétence. En jouant, les enfants emmagasinent du courage. Les crocodiles dévoreurs sortis du jeu de mes petits-fils leur permettent de courir loin devant et de garder le sourire. Grâce à ces compagnons imaginaires, ils progressent dans leur autonomie. Ils ont moins peur.

Il y a aussi, dans le processus de croissance, la peur invisible de perdre un bout de soi. Cette préoccupation, jamais dite, est subtile. Comment rester le même, être dans une continuité d'existence, tout en passant à une étape différente ? Serai-je le même quand je ne serai plus un bébé porté, mais un être à quatre pattes ? Est-ce que je serai aimé pareillement si je n'ai plus besoin des bras de mes parents ? Leur amour sera-t-il identique ? L'affaire est très sérieuse. Le jeu vient nourrir leur assurance et construire leur verticalité.

Grandir suppose une succession de questions silencieuses à forte tonalité existentielle. C'est sans doute pourquoi les gestes enfantins sont empreints de tant de gravité – en témoignent la manière dont ils tentent de prendre appui pour se hisser debout, tendent les bras avec prudence pour attraper un objet ou esquissent le mouvement de s'engager à quatre pattes dans l'espace. Par leur réflexion intense, ils semblent habiter une pensée que l'on aimerait partager pour accéder à la même profondeur. Ils sont déjà en dialogue avec eux-mêmes, délibérant à partir de tout ce qu'ils éprouvent. Les éprouvés sensoriels sont pour les bébés de véritables objets. Immatériels dans la vie du bébé, ils donnent le «la» de leurs mouvements, nourrissent leur engagement. Toucher le sol avec ses mains, poings fermés ou mains ouvertes, ou deux doigts fermés et trois ouverts, ou un seul ouvert… Le bébé hésite, goûte l'essai, l'emmagasine, cherche à en garder la trace comme un précieux butin pour plus tard, quand il sera grand et qu'enfin il aura accepté d'être debout. Ce rappel du jeu des mains qui affine les appuis possibles lui servira en cas de vacillement ou de chute. Se rattraper est un calcul que les enfants apprennent au fil des mois. Quand je vois arriver un enfant de plus de 4 ans le nez tout râpé, le front orné d'une bosse énorme, je le questionne toujours sur ce qui s'est passé. Quand il me répond: «Je suis tombé» et non pas: «Je me suis cogné», c'est comme s'il me donnait l'autorisation de poursuivre le dialogue: «Où étaient tes mains ? » Cela n'appelle pas de réponse, et l'enfant le sait. Il sait que je l'interpelle sur sa croissance, que j'essaie de comprendre qui il est et où il en est dans sa capacité à prendre soin de lui. Je ne lui parle pas de sa croissance physique, qui n'est pas mon domaine, mais de sa croissance psychique. Je viens le chercher là où il se situe dans son développement. En lui demandant où étaient ses mains, je lui demande où il en est. Je quête son avis. Peut-être que, bien qu'il me consulte à 4 ans, il n'en a que 2 quelque part en lui.

La question de la vie et celle de nos verticalités habitent l'enfance, mais elles sont aussi bien présentes dans nos existences d'adultes, où notre croissance se poursuit – une croissance affective cette fois. Lors de grands changements personnels, ces temps d'hésitation et d'introspection sont l'occasion de rechercher un *moi solide*, un corps qui tient debout.

Devenir mère, c'est renoncer à rester seulement une fille.

Quand on devient mère, cela implique un incroyable saut qui requiert une capacité à se réceptionner le mieux possible et à se dire, après avoir mis au monde son enfant : « Je suis la même et définitivement différente. Je vais assumer » – c'est-à-dire accepter cette part nouvelle de moi, l'adopter. Tout cela est sans compter sur notre esprit rationnel, qui n'aime pas l'idée de la non-maîtrise, de la possible perte de soi, et qui, pour s'en protéger, en est venu à créer des mythes. Celui de l'instinct maternel, qui annule toute pensée sur les enjeux relationnels de la naissance, avec sa part d'ambivalence, de vulnérabilité, reste très présent dans notre pensée collective. Ce conte moderne qui donne à la femme le pouvoir d'appuyer sur le bouton « instinct » a laissé de nombreuses femmes à terre, en menant même certaines au suicide. Combien de fois ai-je entendu des femmes me confier, au milieu de leurs larmes, qu'elles ne possédaient pas ce fameux instinct ? Combien de fois ai-je enragé face à cette pure invention qui les fait tant souffrir ? Est-il si difficile de s'avouer que tout est question de temps, que se construire en continu est un cheminement ? Que devenir mère n'est pas qu'une histoire hormonale, mais un tissage très personnel de liens avec ce bébé inconnu. Un tissage qui s'enracine dans un avant, se vit dans le présent et se projette dans le futur. Être parent, c'est avoir des souvenirs de son enfance, des envies d'en créer de nouveaux avec celui qui vient de naître et d'en imaginer pour plus tard.

L'éthique de la responsabilité

La verticalité, avec ses besoins propres, physiques et psychiques, appelle à une éthique.

Aujourd'hui, quand la question de l'éthique est abordée, elle est systématiquement associée aux progrès. Lorsque je travaillais en maternité, j'étais régulièrement sollicitée pour participer à des commissions dites d'éthique où nous échangions entre experts aux parcours variés sur les connaissances nouvelles et les techniques de procréation qui en découlaient. Si la technicité semble faire reculer toujours davantage l'infertilité, les questions que suscitent la PMA (procréation médicalement assistée) ne laissent personne indifférent. Peut-on faire un bébé tout seul ? Peut-on faire un bébé quand on est mort ? Peut-on faire un bébé quand est un couple de même sexe ? Peut-on demander à une femme d'être mère porteuse ? Je garde en mémoire nos discussions sur la responsabilité, un sujet qui faisait naître de nombreuses interrogations autour de la liberté individuelle. Aux premiers temps de la PMA, avant que des lois ne soient votées, la question du « qui décide ? » a créé beaucoup de malaise dans les maternités.

Mon propos actuel se focalise sur nos existences. Si la question de la naissance de l'*Homo sapiens* peut paraître un peu dénuée de relief comparée aux grands débats de notre modernité, elle nécessite pourtant aujourd'hui que l'on s'y arrête. Car dans notre folie créatrice appelant un recours croissant à la technique, nous perdons de vue les enjeux propres à toute naissance, à notre vulnérabilité, à ce que signifient l'altérité, la rencontre, la relation, la verticalité de notre être.

Cette folie pourrait se voir contrer par une nouvelle approche éthique basée sur notre condition native, qui nous définit d'emblée comme des êtres de relations. Un rappel pour ne jamais oublier les fondements de notre existence, notre vulnérabilité et sa véritable force désirante.

Recevant des parents dont certains ont fait appel à ce nouveau pouvoir technique pour le devenir, je suis sensible à l'idée de définir une *éthique de la responsabilité* qui préserverait les constructions parentales. En effet, il est important de se détacher de l'injonction consciente à tout faire pour obtenir un «résultat». Ainsi, un traitement considéré comme réussi est un traitement qui a permis de fabriquer un enfant. Cette logique d'efficacité dans l'approche procréative consiste désormais à accéder à un maximum de demandes pour réduire les insatisfactions, transformant la fabrique de l'enfant en parcours du combattant. Un parcours où le couple devient un objet médical plutôt qu'un Sujet. Au fil des rendez-vous successifs, des informations brutes sur la taille des ovocytes ou la vivacité des spermatozoïdes sont lâchées sans aucune précaution. Le couple objet du discours métabolise les données reçues et repart encore plus infertile tant son désir de donner la vie a été gelé par le choc des mots.

Notre logique oublie donc l'essentiel. Tout en fabriquant des enfants à la demande, elle ne sait pas construire des parents. C'est ce que nous apprennent non seulement les approches théoriques sur la vie psychique, mais les parents eux-mêmes. Je songe à des situations de dons de gamètes qui sont parlées dans leur dimension physiologique, mais où l'on n'aborde jamais la notion de gamète psychique. Or c'est le gamète psychique qui est fertile. C'est lui qui permet à l'enfant qui vient de naître de devenir « fille de » ou « fils de ». Faute d'une telle transformation, cet enfant ne pourra pas trouver sa place dans la structure familiale. Nombreux sont les naufrages familiaux qui témoignent d'une impossible adoption de l'enfant par le couple – et qu'importe si cet enfant est ou non génétiquement du couple. Ce qui est en jeu, c'est la rencontre, la relation entre deux êtres vulnérables qui doivent pouvoir se reconnaître. L'acte de reconnaissance psychique est au cœur de l'équilibre familial. Là est la verticalité de la famille.

Quand l'enfant arrive dans le couple, on parle de traitement réussi sans se poser la question du devenir de la famille. Et quand cette même famille vacille, elle vient nous consulter, se sentant coupable de ne pas parvenir à aller bien alors qu'elle a tout fait pour avoir un enfant. On découvre le plus souvent que la vie psychique a été bousculée et n'a jamais été écoutée durant ces aventures médicales, ce qui crée de l'épuisement, mais aussi une attente disproportionnée de l'enfant, comme s'il allait venir tout guérir. L'enfant est idéalisé, porté par un imaginaire qui fait de lui un sauveur. Nous avons beau connaître les dégâts que peut produire l'écart entre l'imaginaire et le réel, savoir d'expérience que plus cet écart est grand, plus la violence a de chances de s'inviter dans les relations, nous continuons d'administrer ces traitements dans une logique exclusivement médicale, en ignorant la dimension psychique.

Restaurer un ethos dans nos vies d'*Homo sapiens* permettrait de mettre l'accent sur l'altérité, mais aussi de faire réfléchir le public sur les crises qui nous assaillent et dont nous sommes des acteurs.

Petite leçon de verticalité pour une meilleure compréhension de nous-mêmes

Les bébés, c'est nous : des êtres fragiles, certes, mais pas sans ressources. Pendant notre âge tendre, nous avons une stratégie très élaborée pour faire de la relation notre premier allié : prenant appui sur le corps pensant de celui qui nous pense, bien calés dans la chair qui nous porte, nous écoutons le monde et commençons à l'interpréter. Notre technique bien rodée consiste à faire et refaire sans cesse une même expérience sensorielle pour en tirer de l'apaisement. À travers cette approche de la vie, nous, petits humains, tentons chaque jour de construire notre autonomie. Et cette répétition d'une même découverte est la définition du jeu libre. On comprend alors pourquoi les programmes éducatifs de nos enfants doivent donner toute sa place au jeu. Il ne s'agit pas de les occuper ni de les détendre, mais bien de les nourrir pour qu'ils se sentent suffisamment solides pour avancer dans la vie. Il en va également ainsi quand l'enfant commence à trouver que les bras de ses parents le serrent un peu trop et qu'il est tenté d'explorer l'espace qui s'étend au-dehors. De même quand, une fois au sol, il commence à chercher des appuis pour se déplacer et s'engager dans un quatre-pattes. Puis c'est sur ses deux jambes qu'il continuera son ascension vers l'indépendance motrice, toujours avec prudence, afin que son sentiment interne se consolide au même rythme que sa motricité. L'élasticité de la croissance psychique prend appui sur le jeu de l'éternel recommencement d'une expérience afin de transformer l'étrange en familier. La répétition permet de supporter les transformations internes de la croissance. De cette manière, l'enfant se rassure, se conforte, palpe son existence. Si jouer est si sérieux, c'est parce que, pour l'enfant, le jeu est un travail à plein temps. Pendant qu'il joue, il apprivoise ses peurs et rend supportables ses progrès, lesquels nous réjouissent peut-être, mais l'affolent, lui. Il se verticalise.

Reprenons l'exemple de la marche. Parfois, l'enfant commence à marcher, puis il renonce et finit à quatre pattes, se refusant pendant des jours entiers à réitérer l'essai. L'expérience du petit *Homo sapiens* est toujours soumise à l'épreuve du danger, et l'enfant vit cela dans sa chair, donnant corps à la double racine latine du mot expérience – *experiri*, « éprouver », et le radical *periri*, que l'on retrouve dans *periculum*, « danger », « péril ». On ne peut s'empêcher ici de penser au témoignage de Jacques Lusseyran, devenu aveugle à l'âge de 8 ans après avoir été projeté contre le coin de son pupitre au cours d'une bousculade dans sa classe. Le petit Jacques a dû réapprendre à expérimenter la vie : « Comme la drogue, la cécité accroît certaines sensations, donnant par exemple aux perceptions auditives et tactiles une acuité soudaine, souvent troublante. Mais surtout – comme la drogue à nouveau – elle agrandit jusqu'à la démesure les expériences internes aux dépens des externes. Le monde qui s'ouvre alors pour l'aveugle est dangereux, parce qu'il est plus rassurant que toutes les paroles humaines et parce qu'il est beau. [...] Grâce à Dieu je n'y suis pas resté. Car cette vie-là est viscérale et fermée. Elle n'est pas la vie intérieure: elle en est la caricature. Il n'y a de vie intérieure pour un homme, comme pour un enfant, que si le système de ses relations avec toutes choses réelles, au-dedans comme au-dehors, est juste*. »

Le risque de la relation est le défi de l'enfance ; c'est notre défi. Cela demande du courage et de la témérité. Notre verticalité n'est pas sans conditions, et ses exigences se traduisent à travers tous ces petits efforts de la croissance. Le reconnaître permet non seulement de mieux soutenir tout mouvement de verticalité, mais aussi d'en comprendre les possibles effondrements. C'est cette compréhension qui ouvrira la porte à des *politiques des mouvements de la vie,* de la naissance à la mort. Des politiques de prévention.

Quand un jeune enfant refuse de marcher après plusieurs tentatives réussies, ses parents se désolent, tentent de le stimuler, en vain. Et c'est avec raison qu'il attend une forme de justesse dans l'éprouvé de l'expérience. Que son sentiment interne de continuité d'existence, le fait de se sentir debout de la tête aux pieds, soit suffisamment acquis pour qu'il accepte d'être définitivement un enfant marcheur. Un enfant qui a su dépasser le péril que la marche pouvait lui faire craindre. Un enfant qui a fait le choix

*. Jacques Lusseyran, *Et la lumière fut,* Paris, Folio, 2005.

de la relation, avec les expériences externes qu'elle impose. C'est une sensation étrange pour le tout-petit que d'imaginer qu'il court le risque d'une perte de soi-même en franchissant une nouvelle étape de sa croissance.

Lorsque Françoise Dolto parlait du « complexe du homard », elle voulait aborder métaphoriquement la question de la mue de l'adolescent. Cette perte de la peau de l'enfance pour entrer dans le corps de l'adolescence et toutes les ruptures qu'elle implique étaient parfaitement décrites. Évoquer l'adolescence uniquement en termes de centimètres et de puberté, expliquait Dolto, laissait dans l'ombre tout un pan du corps – le corps psychique, c'est-à-dire la vie interne malmenée par le grand chantier des transformations physiques, sans que nous y prenions garde.

L'amorce *d'une étape à une autre différente* était un sujet cher à D.W. Winnicott, qui utilisait le mot de *doldrums*, hérité de son enfance à Plymouth. Ce terme de marine désigne le moment et l'endroit où une embarcation est immobilisée faute de vent, sans qu'on sache de quel côté celui-ci va arriver ni s'il va arriver, tandis que des poussées de bas en haut se produisent autour du bateau encalminé. Winnicott s'est inspiré de cette image pour suggérer l'immobilisation que peuvent entraîner ces temps d'adolescence. Mais, plus encore, il a montré que cet état de *doldrums* peut aussi exister lors d'une cure adulte*. C'est le cas pour ces patients qui ne savent plus où ils en sont. Durant leurs séances, ils font du surplace, comme si rien ne pouvait leur donner une forme de mobilité psychique. Nous pourrions dire aussi qu'on est parfois *doldrums* dans la vie, un peu perdu, immobile, dans l'attente. Le « temps pour avancer » est alors essentiel ; c'est une voix pour prendre soin de ce moment de la vie. De même qu'on ne soigne pas une crise d'adolescence, mais qu'on l'accompagne, il est important de comprendre qu'un adulte aux prises avec un tel état peut avoir besoin d'être accompagné.

Notre sécurité interne crée notre verticalité. Elle est un des piliers de notre existence. Elle nous permet de nous éloigner de ceux que nous aimons sans craindre de les perdre. Créer sa sécurité interne revient à transformer le sentiment de perte en sentiment de manque. La perte est la disparition définitive, le manque est la certitude que l'autre va revenir. Quand le sentiment de perte domine notre vie, on se sent vulnérable, seul, menacé, et on n'a de cesse de vouloir construire des systèmes sécuritaires pour se protéger. On ira jusqu'à les exiger, les voter. On demandera des murs, des murs très hauts qui nous empêcheront

*. Laura Dethiville, *Donald W. Winnicott. Une nouvelle approche*, Paris, Campagne Première, 2008.

de nous rencontrer et de nous comprendre. La méfiance viendra colorer toute relation. L'insécurité interne renforce nos demandes de systèmes de sécurité externes : caméras, barrières, agents de sécurité, mais aussi compagnies d'assurance, qui fabriquent des murs de papier toujours plus hauts, des contrats lucratifs motivés par l'idée qu'ils nous « protègent ».

Prendre soin de la relation, c'est prendre soin de la société

Beaucoup de conférences s'ouvrent avec le proverbe africain « Tout seul on va plus vite, ensemble on va plus loin ». Il est l'occasion de rappeler que tout humain a besoin d'un Autre qui lui veut du bien, un Autre compagnon de route, prêt à l'attendre si nécessaire, à s'ajuster, même si cela demande du temps.

Il est vital pour l'enfant de rencontrer un *Autre soutenant* qui entre en relation avec lui, qui prenne le risque de la relation, qui autorise et encourage son mouvement d'autonomie. Un Autre qui parle, qui dise la vie, qui intensifie ses phrases, qui les rallonge au fur et à mesure que l'enfant s'éloigne pour former un filet protecteur autour de lui. S'il tombe, la chute sera amortie par ces longs fils invisibles composés de voix, de souffles, de regards, de mouvements que l'enfant perçoit et qui le rassurent. Enveloppé, l'enfant est tel un bébé araignée qui explore l'espace dans la sécurité de sa toile.

Au fil des années, la *relation d'appui*, par sa fonction soutenante, va évoluer. En devenant marcheur, celui qui cherche sa verticalité se relèvera en prenant appui sur la présence d'un corps qui le guide. Quand il sera plus grand, à 6 ans déjà, il aura du plaisir à courir loin devant ses parents, en se retournant souvent pour s'assurer qu'ils sont bien là. À 10 ans, il ne se retournera plus durant le trajet, mais seulement une fois à la porte de l'école, et avant de disparaître dans la cour il fera un signe timide à celui qui l'a suivi des yeux jusqu'au bout. À 15 ans, il partira seul, n'aura besoin ni d'escorte ni d'un geste d'au revoir à la porte, mais, une fois avec ses amis, la conversation tournera autour de ses parents, les rendant présents autrement à ses côtés.

Les appuis sont faits pour se transformer. Ils sont corps, peau, regards, mots, présences, pour un jour devenir absence, silence, représentation. L'*Autre soutenant* aide le nouveau-né à élaborer la mise en image interne de la relation. Être accompagné toujours, c'est savoir où sont ses appuis au fil des années qui passent. Tout au long de notre vie, nous cherchons à savoir où, comment et avec qui nous pourrons nous rassurer en cas de vacillement. La famille, dans ces situations, est toujours au premier plan.

Il arrive que les parents, premiers interlocuteurs de l'enfant, fassent défaut. Qu'ils soient absents à l'âge où l'enfant a encore besoin de leur présence. Ou tout simplement qu'ils ne réussissent pas à porter le poids de la responsabilité qui leur incombe. C'est la raison pour laquelle j'appelle à des engagements politiques portés par une éthique de la relation. Des engagements politiques qui renvoient au concept de responsabilité pour répondre de notre condition d'*êtres relationnels*.

L'enfant maltraité qui a su se redresser était un enfant seul, désespéré, prêt à lâcher son désir d'exister. Ignoré dès sa naissance dans ses besoins affectifs, il a fallu qu'il attende d'avoir 18 mois pour être mis en sécurité. Ce déni de son existence l'a terrassé plus profondément que les coups que son corps a subis, car sa vie interne s'est trouvée atrophiée. Malnutri psychiquement, il n'a pas pu ressentir la préciosité de son existence dans les yeux d'un autre. Il n'a pas pu *prendre appui sur un autre* pour ressentir sa valeur ni intérioriser l'idée que ses initiatives sensorielles portent la vie. Il n'a jamais expérimenté la main qui se tend lorsqu'il est en détresse.

Quand il a chuté devant moi, s'affaissant au centre de la pièce, il a mis à l'épreuve ma propre solidité interne, ma propre capacité à tenir ma verticalité. Mais le voir se redresser, fier, le visage apaisé après tant de chagrin, dire au revoir avec calme et faire une sortie presque royale m'a ébloui. Alors qu'il était en chute libre depuis le début de sa vie, pour la première fois le sol ne s'est pas dérobé sous ses pieds. Et c'est alors qu'il a pu nous faire la démonstration que tout n'était pas perdu et qu'il avait encore de jolies cartes à jouer. Il lui fallait juste du temps, le temps de construire ses appuis pour enfin rebondir et créer sa verticalité. Son appétence à « vivre avec » s'est jouée non pas à sa naissance, mais dans ce bureau où, au fil des consultations, il a pu donner lui-même les contractions de la vie, créer les fils d'une relation de confiance et entrer dans l'altérité. Ce regard posé sur son analyste avant de partir était celui du nouveau-né sortant du ventre de sa mère, à la recherche des premiers regards d'appui de la vie du dehors.

Pour Winnicott, un travail psychique, une cure, permet de vivre ce qui n'a pas été vécu dans la relation transférentielle. À ses yeux, il ne s'agit pas de réparation, mais qu'advienne ce qui n'avait pas pu avoir lieu, ou que « s'inscrive enfin quelque chose qui, à une époque ancienne, n'avait pas trouvé de lieu pour s'inscrire, parce que le sujet n'y était pas (ou pas encore). Il s'agit donc que soit produit un événement psychique à partir duquel les processus en attente (en attente de dégel) pourront reprendre leur cours* ».

*. *Ibid.*

Reconnu, compris dans le défi que la vie lui a posé, cet enfant a pu s'apaiser et éviter de devenir un être en colère, toujours sur le point de faire exploser son sentiment de ne pas exister. Il est reparti serein, prêt à se construire sans atteindre l'intégrité de ceux qui l'approchent. Il a trouvé en cette consultation créée par Françoise Dolto un lieu pour s'effondrer et se relever. Il a été sauvé, et il viendra sûrement en appui à un autre à son tour. Peut-être un enfant de la pouponnière dans laquelle il vit, ou bien le foyer dans lequel il ira quand il n'aura plus l'âge de rester chez les petits. Ce qui est gagné, c'est que rien ne se reproduira. On a écarté la violence de sa vie interne, donc pris en charge ensemble cette détresse destructive. Nous étions là dans le souci de son devenir.

Au-delà de l'enfant, c'est toute notre société dont nous prenons soin dans l'intimité de ces consultations, conscients que notre tissu relationnel est à préserver. En tant que citoyens, nous devons garder cette priorité en tête et rappeler à nos élus qu'ils sont en situation de responsabilité, et non de pouvoir. Qu'ils doivent s'assurer que chaque territoire est doté d'espaces de soutien, pour que notre tissu social se porte bien.

Conseils de l'enfant à un dirigeant
On dirait que...

• Tu acceptes que la relation soit au cœur des questions de santé.

• Tu sais que l'altérité fait naître la responsabilité.

• Tu protèges les appuis qui me permettent de grandir.

• Tu as conscience que les biens ne remplacent pas les liens.

• Tu chéris la paix et tu mets tout en œuvre pour la maintenir.

CHAPITRE III
L'enveloppe charnelle des mots

Une bouche de mots

Si le bébé pouvait parler, il nous dirait sans détour qu'il parlera le jour où les mots seront désirables.

Certains enfants ayant atteint l'âge du langage parlé jouent avec notre patience et laissent le temps filer sans prononcer le moindre mot. C'est le cas de Victor, ce petit garçon de 3 ans que j'ai déjà évoqué dans un de mes ouvrages. Il avait des expressions solaires qui contrastaient avec son attitude silencieuse, laquelle finissait par assombrir toute relation avec lui. On avait le sentiment que sa bouche était pleine de mots qu'il gardait précieusement en lui, ce qui plongeait ses parents dans un état de grande anxiété. En psychanalyse, on ne s'attaque pas au symptôme. L'idée n'était donc pas de le faire parler, mais de comprendre qui il était et ce qu'il nous racontait de lui à travers sa rétention de mots.

Dès la première consultation, j'ai su qu'il savait parfaitement bien parler.

Il m'avait donné le ton à travers une gestuelle au ralenti consistant à porter lentement à sa bouche une cuillère de dînette pleine de sable. Une bouche mécanique qui s'ouvrait et se refermait sur la cuillère, sans aucune hésitation. Le visage impassible, il ruminait le sable, qui se mélangeait aux excrétions de son nez, puis mâchait les grains qui grinçaient sous ses dents. Chaque grincement provoquait une tension de tout mon corps et un sentiment de meurtrissure dans ma chair. Je clignais des yeux, comme pour amortir les coups portés par ce bruit insupportable, tandis que Victor se mettait à marcher dans le bureau, levant haut les pieds afin qu'ils retombent bruyamment. Ce corps enfantin étrangement bavard se déplaçait dans un périmètre restreint, dessinant une sorte de tracé virtuel fermé. Il partait d'un point et y revenait. Je fis l'hypothèse qu'il construisait ainsi une chambre utérine constituée de ses propres sons, comme un retour dans son premier habitat. «Ze mange mon goût» furent ses premiers mots, ceux de son désir de devenir un *parlêtre**.

*. Cette expression lacanienne rappelle que notre existence passe par la parole.

Le langage s'édifie dans la relation et vient signifier un lien d'échange. C'est ce qu'on observe quand on vocalise avec un bébé. On le voit reproduire avec application la proposition sonore. Ces échanges se complexifient avec l'âge et rendent très vite l'enfant acteur. Il manifeste alors son désir d'être à son tour l'initiateur du jeu des échos. Il suffit que vous jouiez avec vos lèvres pour qu'il cherche à vous imiter, s'enhardissant après plusieurs essais à proposer à son tour une variante sonore. Si vous lui répondez à l'identique, montrant que vous acceptez l'échange, il devient bavard de sons, avec un plaisir non dissimulé. Les enfants prennent appui sur ce plaisir partagé pour enrichir un environnement expressif et gestuel et fabriquer un monde qui parle, qui leur parle.

«Tu as entendu?» dit la mère de Maelys, donnant à sa voix une musicalité ondulante. Maelys connaît la proposition maternelle, elle sait que sa mère veut jouer à reconnaître les sons. Pour bien montrer son accord, elle cesse de marcher et penche son buste sur le côté, comme pour mettre son oreille plus près du sol. Sa mère rit et pointe le doigt vers le ciel pour attirer son attention sur les oiseaux. Maelys répond «Ouah!» avec la même musicalité. La répétition des expériences sensorielles ludiques rapproche la mère et la fille et enrichit leurs échanges affectifs, qui se transforment en une cascade de sons à découvrir.

Tout y passe : le vent dans les feuilles, le bruit des voitures, les voisins qui s'appellent, les portes qui claquent. Autant d'occasions de rire ensemble, de bouger dans l'espace, de montrer du doigt, de chercher autour de soi, de s'offrir des émotions pour préparer la base langagière de Maelys.

Pouvoir devenir un jour un être parlant dépend d'une foule de petites et grandes histoires d'interactions sociales quotidiennes, ordinaires et inattendues, avec des partenaires humains et non humains, animés ou inanimés. « La soi-disant prédisposition au langage est une expertise acquise au cours d'interactions sociales rendues possibles par le truchement d'une appétence relationnelle intrinsèque chez le bébé et sa reconnaissance tacite par l'adulte, qui met en œuvre les éléments d'étayage nécessaires au développement du langage*. »

On ne peut donc pas enfermer le langage dans une définition qui le représenterait comme un ensemble de mots ou de signes répondant à un système formel de règles syntaxiques et grammaticales dépourvu de toute base gestuelle, corporelle, sensorielle. Parler, ce n'est pas posséder un code, car le langage a pour origine notre réceptivité sensible aux sons et aux formes de notre environnement naturel.

*. Maya Gratier, conférence non publiée.

Le petit Victor ne voulait pas parler, parce qu'il refusait de répéter les mots qui lui étaient offerts. Cet enfant si parfait a eu besoin de s'approprier sa croissance, qui lui échappait. Sa perfection faisait de lui une image d'enfant plus qu'un enfant à proprement parler, et il n'avait sans doute pas encore pu ressentir sa force créatrice, sa propre capacité à grandir. A-t-il voulu prendre en main son développement en signifiant que ses mots viendraient avec son sentiment d'exister ? Victor voulait goûter sa vie, être en vie.

D'où vient le désir des mots ?

Certains enfants mangent leur goût, d'autres entendent les chiens pleurer, telle cette petite fille d'à peine 3 ans aperçue dans la rue avec sa mère. Pendant que cette dernière discutait avec une amie, la petite fille s'est mise soudain à la tirer par le bras pour l'obliger à regarder un petit chien au bout d'une laisse. « Regarde, maman, le petit chien il pleure. » Et sa mère de répondre du tac au tac : « Mais non, chérie, les chiens ne pleurent pas, ils aboient. »

L'envie légitime de cette maman que son enfant, même si jeune, utilise le bon mot m'a longuement interpellée. Une partie de moi comprenait cette maman dans son rôle d'éducatrice, désireuse que sa fille puisse acquérir un langage juste et de qualité, et une autre partie regrettait qu'elle n'ait pas été plus réceptive à la proposition de l'enfant, qu'elle n'ait pas joué le jeu avec elle.

Car les enfants ont cette aptitude à entendre les chiens pleurer et à voir les oiseaux sourire. Ce qui nourrit leur langage, c'est leur capacité à penser l'environnement comme bavard, et non comme bruyant. Ils ont la faculté d'accéder au sens des choses, de considérer que le monde leur parle ; il suffit de savoir l'interpréter.

La musicalité d'une langue est prise dans des liens sonores que porte l'espace. Aussi l'enfant, qui est avant tout un capteur de sens, ne se focalise-t-il pas exclusivement sur les productions humaines. Tout est source d'échanges et de dialogues. Ce qu'il entend, ce sont des corps qui parlent, animés ou inanimés, et qui lui donnent envie de participer et d'ajouter sa voix.

Quand nous faisons le constat que nos enfants parlent peu, ne parlent pas ou parlent mal, nous incriminons toute une série de causes évidentes, dont les écrans. Mais il me semble plus pertinent aujourd'hui de s'interroger sur la perte de l'expérience de la nature. Car la nature n'est pas un objet, mais un champ de relations complexes et entrelacées, ce qui fait dire à David Abram que « les qualités d'un arbre fruitier particulier ne peuvent tout simplement pas être comprises sans référence aux autres de son espèce, aux insectes qui le fertilisent, aux animaux qui consomment ses fruits et dispersent ainsi ses graines [...]. Aujourd'hui, c'est devenu un lieu commun que de considérer la nature terrestre comme un réseau organique densément interconnecté, une toile biosphérique où chaque entité tire son caractère spécifique de ses relations directes et indirectes avec toutes les autres. La convergence est claire avec la manière dont Merleau-Ponty en était venu à décrire la réalité sensuelle, la "chair", comme un réseau intriqué, et actif, de phénomènes mutuellement dépendants, à la fois sensibles et sentant, dont nos propres corps font partie* ».

La chair des mots est centrale dans l'acquisition du langage par un jeune enfant, et le champ des relations complexes et entrelacées qui assurent l'harmonie de l'évolution terrestre l'est tout autant pour le bon développement de notre humanité. Merleau-Ponty nous invite à penser la complexité du langage humain comme liée à la *complexité de l'écologie terrestre*, une voie fertile pour interroger les maux de nos enfants et revoir notre façon d'appréhender les effets de nos modes de vie sur leur développement. Pour que nos enfants aient le désir de s'exprimer, offrons-leur, en plus de nos visages souriants, le contact du vent, de

*. David Abram, *Comment la terre s'est tue: pour une écologie des sens*, Les Empêcheurs de penser en rond, 2012, p. 116.

la terre, les bruits de notre monde, les courbes de nos paysages, les élévations de nos montagnes, de nos arbres, les flots de nos océans, les chutes de pluie, de neige, la légèreté de nos nuages, les couleurs de nos ciels…

La perte de la musicalité de notre langue pourrait faire l'objet d'une thèse d'État pour un étudiant en psychologie du développement ou en anthropologie prêt à suivre nos plus jeunes avant l'acquisition du langage. Peut-être pourrions-nous ainsi savoir s'il y a bien un lien entre la baisse évidente des chants d'oiseau dans notre ciel et la diminution des expressions langagières de nos jeunes enfants. N'est-il pas logique de penser que, si nous détruisons les voix animales et végétales, nous perdons une nourriture musicale et appauvrissons nos propres inflexions ? N'est-il pas temps de reconnaître que, pour que l'enfant parle, il doit pouvoir trouver des points d'appui multiples portés par notre humanité et notre terre ? L'hypothèse de l'écologue David Abram est que, lorsque « nous condamnons au néant de l'extinction de plus en plus de voix sauvages sur terre, nos propres langues deviennent de plus en plus pauvres, de plus en plus dépourvues de substance, progressivement vidées de leurs résonances terrestres* ».

*. *Ibid.*, p. 118.

La complexité du langage humain est liée à la complexité de l'écologie terrestre

David Abram*, dans ses travaux sur l'écologie des sens, pose l'hypothèse que nous ne sommes humains qu'en contact et en convivialité avec ce qui n'est pas humain – proposition simple et puissante que les enfants pourraient valider au vu de leur appétit à entendre la terre. Une des expériences personnelles qu'il relate a retenu mon attention en raison de sa proximité avec nos enfants qui mangent leur goût et entendent les chiens pleurer.

Il raconte ainsi son retour en Amérique du Nord après avoir vécu parmi les sherpas de l'Himalaya. Les premiers jours, écrit-il, il était très excité par les nouvelles manières de sentir qui s'étaient éveillées en lui lors de son séjour au Tibet. Il décrit sa conscience profonde de l'immense puissance de la terre et de l'intelligence aiguë des autres animaux, dont les vies et les cultures interpénètrent les nôtres. Par exemple, il se retrouvait à bavarder et plaisanter avec les écureuils ou passait des heures à observer les mouettes qui ouvraient les palourdes en les laissant tomber sur les rochers le long de la plage.

*. *Op. cit.*

Et puis, le temps passant, il a commencé à perdre le sens dont les animaux eux-mêmes font l'expérience. «La technique des mouettes ouvrant les palourdes a commencé à ressembler à un comportement largement automatique, et je n'arrivais plus à sentir l'attention qu'elles devaient consacrer à chaque nouvelle coquille. [...] Curieusement, les écureuils du voisinage ne répondaient plus à mes appels gazouillants. Quel que soit mon désir, je n'arrivais plus à focaliser mon attention sur un mode qui me donne accès à leur monde, ainsi que je pouvais le faire sans difficultés quelques semaines plus tôt.»

Ces mots me rappellent la petite fille qui entendait un chien pleurer. Dans un an, éduquée à bien parler, à bien nommer, à dire «aboyer» pour les chiens et «pleurer» pour les humains, elle n'entendra plus ce qui n'est pas à entendre. Elle rétrécira son lien au non-humain et ne s'arrêtera plus à la vue d'un chien en laisse. Celui-ci, à ses yeux, ne sera plus doué d'émotions, et certainement pas capable de tristesse ni de larmes.

Poursuivant son histoire, Abram explique que, en lisant des articles, des livres, en discutant avec différentes personnes, il s'était finalement rangé à l'idée que les animaux n'étaient pas aussi en éveil et aux aguets qu'il l'avait supposé: «Ils manquaient d'un véritable langage, et donc de la possibilité de penser.» En perdant le contact sensible qu'il avait expérimenté dans l'Himalaya, en se détournant de cette forme d'écoute qui accordait une valeur à chacun, le rendant digne d'une parole adressée, il avait mis un mur entre sa condition humaine et la condition animale. Il en est arrivé à se dire qu'aucun échange n'était envisageable entre nous, les humains, doués d'un intellect illimité, et eux, les animaux, qui n'avaient guère de réels moyens d'expression. « Et en fait, plus je parlais des animaux, moins il me devenait possible de leur parler. »

Ce constat dans un domaine si éloigné du mien m'a profondément touchée. Pendant des années, j'ai vu à quel point ma capacité à parler *aux enfants* s'atrophiait à mesure que je participais à davantage de réunions « psycho-sociales » ou « médico-sociales » pour parler *d'eux*. Je n'arrivais plus à les entendre, je perdais le langage sensoriel qui nous avait unis. J'étais sans cesse parasitée par des discours en surplomb. Et surtout j'ai réalisé que je perdais notre langue commune. J'ai alors commencé à protéger mon espace, refusant au maximum ces temps où le bébé devenait un objet de discours.

De la même manière, David Abram observe que, pendant qu'il se réacclimatait à sa propre culture et à son style de communication, il s'est mis à perdre tous ses sens corporels, toute son aptitude à décrypter sensoriellement son environnement, devenant insensible à la vie qui l'entourait. Très déstabilisé par cette prise de conscience, il a cherché à rétablir des relations de nature pour renouer avec des sensations et perceptions dont il avait pris l'habitude dans ces régions du monde qui échappent à l'industrialisation.

En fabriquant des nuisances sonores qui couvrent le chant des oiseaux, en éclipsant les étoiles par des lumières électriques, en masquant les saisons, en domestiquant les animaux, en consommant des produits, nous nous privons de nos yeux et de nos oreilles, de nos sens, devenus trop civilisés pour percevoir les existences qui nous entourent. Cette perte de notre capacité à interpréter les voix terrestres joue un rôle dans les troubles du langage de nos enfants, que l'on dit peu capables de se dire, de se raconter. Notre inquiétude est légitime, et je suis la première à penser que nous devons tout faire pour que nos enfants acquièrent les mots indispensables à la vie qui les attend. Mais il est dommage que nous soyons devenus incapables de suivre l'enfant dans son écoute sensible, de lui répondre quand il cherche le dialogue et nous interpelle sur ce qu'il entend. J'ai vu comment la petite fille reprise par sa mère a interrompu tout dialogue avec elle. Elle est devenue pensive, fixant le chien silencieusement, n'attendant plus rien de la main qui tenait la sienne. Elle s'est tue. Elle a rompu la relation qu'elle avait initiée.

Le goût du beau, de l'autre, des mots : s'ouvrir aux nourritures qui créent le langage

Il n'est pas rare, lorsque je reçois un jeune enfant en difficulté globale pour accéder au langage, que je l'oriente vers un collègue psychomotricien. Il s'agit alors de rappeler que parler part du corps, du corps en mouvement, du corps qui rit et qui s'amuse, du corps qui prend plaisir à être. Aucun mot ne peut se prononcer s'il ne prend pas appui sur les expériences sensorielles motrices du corps.

Pour grandir, parler, penser, apprendre, l'enfant doit être nourri de plaisir. Pour lui, le monde, l'environnement, tout ce qui fait l'atmosphère de sa vie est nourriture. Ce qu'il touche, rencontre, expérimente n'est pas limité à un but utilitaire, n'est pas considéré dans sa pure fonctionnalité, mais est vu comme une rencontre, sentie, éprouvée dans sa dimension sensorielle et esthétique. L'étymologie du mot esthétique – *aisthésis* – renvoie au « sentir ». L'expérience esthétique nous touche, nous traverse, éprouve nos sens et nous nourrit de beautés.

Donald Meltzer est un des rares psychanalystes à placer les concepts d'esthétique et de beauté au centre des questionnements sur la constitution de l'appareil psychique et des processus de symbolisation*. Il explique que le bébé *in utero* a déjà une vie pulsionnelle. À mesure qu'il se rapproche de sa naissance, il expérimente une sorte de pulsion à naître que nous pourrions décrire comme un empressement à naître. Cette pulsion repose sur la maturité de ses canaux sensoriels et sur la sensation que sa « chambre utérine », devenue étroite, le contraint. L'expérience de la naissance tant attendue est, selon Meltzer, riche en découvertes sur la beauté du monde, la « beauté de l'objet » – l'objet étant, en psychanalyse, ce qui est investi –, avec tout ce que cela implique en termes de fonction nourricière et psychique.

La rencontre du nouveau-né avec le monde est bouleversante. Aussi, les tensions et la douleur ressenties dépassent les capacités de représentation proto-symbolique d'un appareil psychique déjà actif *in utero*. Meltzer affirme que, dans les derniers mois de la vie intra-utérine, le fœtus développe les prémices d'une vie psychique caractérisée par des capacités d'attention, d'intérêt et d'émotion à propos de son contenant et des sons.

À la naissance, poursuit Meltzer, un écart se creuse entre l'intensité des stimulations, qui le submerge et

*. Donald Meltzer et Meg Harris Williams, *L'Appréhension de la beauté*, Hublot, 2000.

provoque en lui un sentiment esthétique très fort, et la méconnaissance totale de ce monde dans lequel il naît. Cet écart peut être vu comme une sorte de gradient entre les stimulations de surface, recueillies par ses sens, et la connaissance plus intime, plus intérieure, de la mère. Il l'oblige à cliver – à séparer – ses affects en deux mondes qui ne se rencontrent pas. Les processus de clivage surgissent donc lors de cette première expérience émotionnelle, trop intense et trop douloureuse pour être traitée par un appareil psychique immature. C'est l'inconnu de ce qu'il y a dedans, et le sentiment d'inquiétude, voire de menace, que cela suscite, que le bébé doit évacuer pour pouvoir échapper à la dépression primaire née de son impuissance à résoudre cette énigme : *Est-ce que c'est aussi beau à l'intérieur ?* Il revient donc à la mère de prendre en charge la détresse de son nouveau-né pour qu'il quitte cette position, dite position schizo-paranoïde (position clivée). Celle-ci va se résoudre petit à petit par une sorte de réintégration des différents aspects de l'objet, une organisation de ses objets internes. En termes simples, la naissance est en soi un effroi pour le bébé : il arrive dans un monde inconnu, sa construction interne est menacée, et il va lui falloir l'aide d'une « personne secourable » pour se libérer de cet état psychique invisible de clivage, produisant à partir d'un même objet, la mère (ou faisant fonction de), une notion de bon et de mauvais objet. Pour qu'un enfant apprenne à penser, il lui faut avoir un parent qui pense. Ainsi, il aura accès à la réflexivité de sa propre pensée. Autrement dit, la beauté a des origines archaïques inscrites dans les éprouvés de la naissance, laquelle, pour Meltzer, est source d'investissement du monde, de l'autre, de la relation à l'autre, et, en même temps, lieu d'incertitude, voire de menace. C'est une expérience qui doit être accompagnée pour permettre au bébé d'équilibrer progressivement sa vie interne. La beauté est directement liée au fait d'avoir été « touché », ce qui suggère une sensation profonde, et « porté ».

La nature a pour qualité de permettre de cultiver notre besoin d'émerveillement. Quand on habite la nature, on a mille occasions de se trouver en situation d'émerveillement et d'éprouver le désir de le dire. Se nourrir de beautés est ainsi un des axes de la mise en pensée, de la possibilité pour l'enfant d'être en appétence pour se dire. La dimension originaire du monde sensible, l'émerveillement, le fait que nous ayons accès à nos sens et au monde et que nos sensations ouvrent une connaissance sur nous-mêmes sont à prendre en considération quand on évoque l'accès aux mots. Car il s'agit avant tout d'une appétence portée et encouragée par celui qui accompagne l'enfant, ses parents ou toute personne ayant choisi d'être en responsabilité vis-à-vis de lui.

L'accès aux mots : une histoire de renoncements

Vouloir accéder aux mots est une aventure immense, nécessaire, utile, que les enfants vivent non sans crainte. Car le langage, c'est très beau, c'est même merveilleux, mais c'est aussi tragique, parce que chaque fois qu'on parle, quoi qu'on dise, c'est une façon de dire à l'autre « toi et moi, cela fait deux ». Si ce n'était pas le cas, on n'aurait pas besoin de se parler : la communication préverbale suffirait. En effet, le fait de parler est un constat d'écart intersubjectif, ce qui faisait dire à Jean-Bertrand Pontalis : « Si le langage nous touche autant toute la vie, c'est parce que le langage ne parle que de la séparation, le langage est la séparation même*. » Chaque fois qu'on dit « je t'aime », c'est une façon de dire à l'autre « toi et moi, ça fait deux ». D'ailleurs, les jeunes enfants qui déclarent leur amour à leur parent ne peuvent s'empêcher en même temps de les presser contre leur corps, comme pour annuler la séparation actée par les mots. Le petit Oscar plongeait littéralement son corps dans celui de sa mère quand je venais le chercher en salle d'attente

*. J.-B. Pontalis, *L'Amour des commencements*, Paris, Folio, 1994.

pour aller en consultation. L'idée de la quitter provoquait des déclarations interminables, des « je t'aime » à répétition qui reculaient l'inexorable séparation. Sa mère répondait : « Moi aussi mon chéri, et maintenant ne fais pas attendre madame Marinopoulos. » Oscar me jetait un œil et s'enfonçait plus encore dans la chair de sa mère, mon attente ayant bien peu de poids face à la possible perte de sa mère. Au fil des « je t'aime », sa mère se raidissait et tentait de forcer le mouvement de la séparation en décrochant les bras de l'enfant de son cou. Systématiquement, l'entrée dans mon bureau était accompagnée des larmes d'Oscar et de la fuite énervée de sa mère. Les larmes cessaient dès la porte fermée, Oscar ayant été reçu de nombreuses fois avant, avec sa mère, pour justement préparer le temps où il allait devoir être avec elle autrement. Elle ne serait plus physiquement présente dans le bureau, mais elle serait là psychiquement. On la penserait ensemble, on l'imaginerait en salle d'attente ou partie chercher du pain le temps de la séance. On la mettrait en mouvement dans un ailleurs qui n'était pas signe de disparition, mais bien de séparation.

Chez d'autres enfants, la perspective d'une séparation trop angoissante les fait utiliser une forme de *parler mou* compris uniquement par leur mère ou leur père. Tout autre interlocuteur se voit obligé de passer par le parent, qui se transforme en interprète. Il n'est pas rare que je fasse remarquer à l'enfant en consultation: «Heureusement que maman ou papa est là pour me traduire, car sinon je ne te comprends pas.» Il s'agit de mettre en mots cette impossible séparation que l'enfant met en scène. Il ne parle pas, il baragouine, et je le reçois comme une impossibilité à entrer en relation directe avec lui. Les mots-bouillie sont comme la purée de ses 1 an, alors qu'il en a 3. Ils le protègent. Il me faudra jouer peut-être des mois durant à bouger, manipuler, construire des tours, les faire tomber, avant de le voir s'ouvrir aux mots qui se partagent.

Il n'y a pas que dans la relation parent-enfant que les mots hésitent à se prononcer. On trouve également des angoisses de séparation majeures dans des couples à l'amour dit passionnel, qui affirment par exemple qu'ils n'ont «pas besoin de se parler pour se comprendre» et qu'en un seul regard ils savent ce que l'autre pense. J'ai accompagné quelques couples pris dans cette forme amoureuse. Je me souviens que, pour l'un d'eux, la seule idée de ne pas être ensemble pendant une heure provoquait chez l'un et l'autre des symptômes de panique. Il a fallu du temps pour commencer à les recevoir séparément, l'autre restant dans la salle d'attente, incapable d'avoir une activité en dehors de son conjoint.

L'écart des mots est un écart des corps. Il inscrit un mouvement culturel qui origine un face-à-face, décolle, sépare.

Les femmes, en devenant mères, connaissent ce mouvement, elles qui doivent savoir porter du passionnel et créer de l'écart. Savoir être là et pouvoir s'absenter pour que le jeu des « présence-absence » remplisse sa fonction et permette aux processus de pensée du bébé de s'organiser. Quand la mère se rend manquante, elle désigne clairement qu'il existe un ailleurs. Elle n'est pas tout à l'enfant, et ses absences sont aussi constructives que ses présences. Ce temps où elle n'est pas là, cet écart, ce « vide », paradoxalement, les unit. Ce qui les unit, c'est ce qui les sépare en les inscrivant l'un comme l'autre à l'ordre du langage dans des places différenciées par la génération et la généalogie.

Cartographier les chemins des mots

Pour les linguistes, le langage fait grandir l'enfant. Chaque réponse à ses questions résonne comme une conquête personnelle. De même qu'on n'étire pas la tête des bébés pour les faire grandir, on n'apprend pas à un enfant à parler. C'est le mouvement d'ouverture sur l'environnement qui va lui permettre d'accéder au langage, à son rythme. Qui dit mouvement dit déambulation. Aussi, quand on donne la main à l'enfant tout juste marcheur et qu'on pointe avec lui les choses qui l'entourent, on lui permet d'associer le plaisir de la curiosité avec la présence rassurante de celui qui prend soin de lui. C'est un accord tacite qui murmure *Je suis d'accord pour que tu grandisses, donc que tu parles,* avec en réponse *Je suis d'accord pour parler, mais en sécurité.* Se tenir la main est une sécurité.

La marche main dans la main avec un enfant produit bien d'autres bienfaits encore. Revenons aux Amérindiens. S'ils parcourent la forêt avec leurs enfants, c'est non seulement pour qu'ils deviennent des pisteurs de haute volée, mais aussi pour leur enseigner la valeur de tout ce qui les entoure. En attirant leur attention sur les éléments qui composent ce dense environnement, ils apprennent à l'enfant à se soucier des choses, des êtres vivants qui partagent leur habitat. Le philosophe Baptiste Morizot évoque Pierre Hadot, qui écrit : « En principe, on donne valeur à ce dont on se soucie [...] le souci est premier*. » Se soucier des choses, c'est leur accorder de la valeur.

Le témoignage de Jacques Lusseyran, devenu aveugle à 8 ans, sur son rapport au monde sonore est

*. Baptiste Morizot, *Manières d'être vivant,* Arles, Actes Sud, 2020.

comme un pèlerinage au pays des sons*. Il démontre son souci premier pour tout ce qui lui parle. Dans son expérience, rien ne provient du monde des humains. Ce ne sont pas les voix humaines qui le guident et lui permettent de se déplacer sans crainte, mais les bruits de son environnement.

« Depuis que j'étais aveugle, je ne pouvais plus faire un geste sans provoquer une avalanche de bruits. » Et il décrit les frottements de l'air, les planchers qui pleurent ou qui chantent, lui transmettant alors la profondeur de la pièce. Ou encore les craquements des meubles, qui font un sillage de sons figurant comme des gestes. Les étirements, bâillements, respirations des objets. L'auteur était capable de dire si une porte avait été ouverte par une main ou par un léger courant d'air. Ses oreilles, écrit-il, n'avaient pas encore entendu les sons qu'ils étaient déjà là, « me touchant du bout de leurs doigts et me dirigeant vers eux. Souvent il m'arrivait d'entendre parler les gens avant qu'ils n'aient pris la parole ». Au travers de longues descriptions, il montre comment les sons, comme la lumière, « n'étaient ni au-dedans, ni au-dehors, ils me traversaient. Ils me donnaient ma position dans l'espace, ils me reliaient aux choses. Ils ne fonctionnaient pas comme des signaux, mais comme des réponses ».

*. Jacques Lusseyran, *Et la lumière fut*, *op. cit.*

Lorsqu'on observe les très jeunes enfants à la crèche, le ballet de leurs allées et venues peut paraître au premier abord intriguant et dénué de sens. Pourtant, petit à petit, on décrypte la cartographie de ces cheminements, qui sont comme des messages que chacun laisse pour lui-même et pour ses pairs. Les enfants occupent le terrain et le libèrent en une chorégraphie savante qui permet à chacun d'avoir de la place.

Je me souviens comment le petit Milo, âgé de 2 ans et demi, pouvait se mettre en colère si quelqu'un, à l'heure de l'apéritif, s'asseyait sur une chaise qu'il considérait comme appartenant à une amie de ses parents. Aux autres heures de la journée, on pouvait tout se permettre, et lui-même ne se gênait pas pour l'occuper, mais arrivé 19 heures, lui qui ne savait pas lire l'heure, il respectait la règle, laissant la chaise libre même les jours où cette amie ne venait pas. À l'opposé, il savait très bien faire enrager son jeune frère de 18 mois de moins en occupant à certains moments de la journée un espace que celui-ci aimait. Le plus souvent, le sens de la cartographie sensorielle des enfants nous échappe.

Faire corps avec ce qui nous entoure est une caractéristique de notre mise en mots. Chaque langue orale semble d'ailleurs traduire les contours et le relief du paysage local. L'immensité d'un océan, des vallées à perte de vue ou des roches saillantes sont autant de rythmes, de tons, d'inflexions que l'on peut entendre dans la manière dont les humains d'une région se parlent. David Abram, qui a beaucoup étudié les communautés indigènes, note que la façon de parler des humains s'ajuste à la variété des appels et des cris non humains qui animent le milieu alentour. C'est même un accordage impératif pour toute culture qui dépend de la chasse ou de la cueillette, *accordage* étant un terme très usité chez les spécialistes de la famille quand il s'agit de l'enfant et de son parent et de ce qu'on nomme les proto-conversations, celles qui précèdent les mots.

David Abram explique qu'un chasseur indigène, s'il veut ôter la vie d'une proie, doit s'en approcher très près, non seulement physiquement, mais aussi émotionnellement, au sens d'*entrer dans une proximité empathique avec la manière dont l'autre animal sent et éprouve.* Le chasseur a notamment une grande familiarité avec les appels et les cris des animaux qui vivent dans son environnement, ce qui contribue à sa compétence. J'aime rappeler cette part d'animalité, qui s'exprime aussi dans nos liens affectifs quand l'enfant ou l'amoureux cherche une proximité empathique, sensorielle, pour entrer en dialogue. Les enfants en particulier mobilisent leur « flair » lorsqu'ils veulent interpréter le plus justement possible l'état d'esprit de leur parent. Cette connaissance s'éprouve dans un collage émotionnel à distance. *Je suis éloigné physiquement, mais très proche psychiquement. Je te pense, car je te sens, je te ressens, je t'éprouve dans ma chair.* « Tu es toi, je suis moi » n'est possible que si je te reconnais dans ta présence.

Ces deux approches si différentes de la notion de proximité – celle de l'enfant devenu aveugle qui apprivoise les sons pour voir et celle du peuple qui s'ajuste aux sons entendus pour survivre – sont à mes yeux des enseignements majeurs. Chacune encourage une réflexion sur le développement physique, psychique et langagier de nos enfants qui rassemblerait des spécialistes de tous horizons, des psychologues aux architectes en passant par les paysagistes, les urbanistes, les linguistes, les médecins…

Le pouvoir du récit

Le patrimoine de notre humanité est constitué d'une multitude de récits de vie qui peuvent parfois être chaotiques, au point que ceux qui les vivent n'arrivent plus à leur trouver du sens. Leur histoire ne les verticalise plus et leurs points d'appui s'effacent au fur et à mesure que les mots leur échappent. À la recherche d'un sens perdu, ils arrivent dans nos cabinets avec le désir de retrouver le chemin qui leur permettra de ressentir de nouveau la continuité de leur existence.

Le pouvoir des mots consiste à posséder la part vivante de nos vies. Très tôt dans l'histoire de l'humanité, les hommes se sont mis à raconter leurs exploits, les dessinant et les parlant avant de les écrire. Nos premiers écrits sont de toute évidence nos propres traces, la marque de nos pas, l'empreinte de nos mains ; plus tard, ce sont les empreintes, les éraflures d'autres animaux. Les humains à leur commencement ont su s'emparer de cette première forme dessinée de présence vivante, l'interpréter pour reconnaître les lieux où se tiennent leurs proies et pour les attirer en les calquant. Pister, c'est déjà faire parler, donner du sens aux signes des vivants qui se sont manifestés dans un espace.

Les écritures en images proposent des scènes séquentielles à décrypter pour y trouver une signification. Ce rôle de transmission fascine les enfants. Très tôt, ils sont comme happés par les marques du vivant, y compris animal et végétal, comme quand ils cherchent le sens d'une ombre, le petit point qu'eux seuls ont repéré dans la terre ou un bruit de souffle qu'ils veulent à tout prix originer quelque part.

C'est ainsi qu'ils vont poursuivre leur curiosité en se laissant captiver par toute mise en récit artistique. Les constructions narratives dansées, jouées, peintes ou sculptées qui viennent en écho à nos propres récits de vie les mettent en joie. Leur appétence à appartenir à un monde plus grand qu'eux les mobilise sans cesse et les rend particulièrement ouverts à toute forme de découverte.

Parmi les compagnons de route les plus appréciés, citons les livres. Il n'y a pas d'âge pour aimer les livres. Les bébés adorent les histoires, qui répondent à leur appétence d'entendre par tous leurs canaux sensoriels. Le bébé qui regarde ne le fait pas qu'avec ses yeux; il y a une collaboration immédiate des autres canaux sensoriels. En lisant à un bébé, on met en émoi tous son système sensoriel, ce qui active une interpénétration, un entre-tissage entre son corps et les autres corps. Le bébé s'éveille alors à cet Autre, créant une relation singulière dans une expérience sensorielle vitale. Il aime qu'on chuchote à son oreille, s'enveloppant dans cette multitude de corps sensoriels sur lesquels il prend appui. La complétude qu'il éprouve renforce sa confiance en soi. L'histoire du soir occupe une place particulière, lui permettant de faire une provision de présence en vue de bien vivre l'absence que le coucher annonce. Il aime ses albums plus que tout, car ils détiennent les secrets de sa croissance. Ils parlent de lui à travers les aventures de personnages qui lui ressemblent.

La littérature joue le rôle d'un ami qui vous veut du bien et vous ancre dans un monde dont vous êtes acteur. Le récit met à l'œuvre des identifications multiples où l'imaginaire s'étire et autorise à être à la fois soi-même et autre. Des trajectoires de vie similaires ou tout simplement des portions de récit sont comme des effets miroir, ouvrant à une forme de réflexion sur soi-même. Nombreux sont les patients qui nous donnent de leurs nouvelles en racontant le dernier roman qu'ils ont lu. La voix d'un autre les éclaire sur ce qu'ils traversent, les encourage dans leur introspection. On ne sait d'ailleurs jamais où un récit va nous conduire, et c'est cet inattendu qui fait œuvre de soin. Il y a une sorte de communion entre se raconter et lire celui qui raconte. Les voyages narratifs sont multiples ; la quête de la trame d'un récit agit et ouvre l'introspection.

Difficile d'éluder le sujet de la lecture sur tablette : tous les supports se valent-ils pour entrer dans un univers narratif ? C'est la question que s'est posée la neuroscientifique Maryanne Wolf*. À ses yeux, il ne s'agit pas de condamner la lecture sur écran, mais de comprendre que notre culture digitale modifie la qualité de notre attention. Par exemple, nous changeons en moyenne d'objet d'attention 27 fois par heure. Cette nouvelle manière de vivre dans l'inattention a des effets sur notre pratique de la lecture,

*. Maryanne Wolf, interview par Martin Legros, *Philosophie magazine*, septembre 2023.

laquelle s'appauvrit. Selon elle, c'est intellectuellement inquiétant pour les démocraties contemporaines tant la lecture joue un rôle central dans le développement de l'empathie et de l'analyse critique. « Lire [...] c'est un exercice d'empathie cognitive. Et le miracle de la lecture est que je trouve le moyen de me comprendre tout en me donnant le temps de comprendre l'autre. La lecture profonde implique d'engager pleinement son attention et par conséquent de se désengager du reste. » Pour Wolf, l'attention est affectée par le contenu *et* le support. L'écran incite à une lecture rapide, superficielle, alors que le livre papier est un espace mental en même temps qu'un espace matériel. Il autorise des allers et retours d'une page à l'autre tout en permettant de situer chaque page dans son ensemble. Le livre digital n'a pas d'architecture mentale.

La philosophe Claire Marin puise à la littérature et s'inspire du roman *Un homme qui dort*, de Georges Perec, pour montrer que la lassitude d'être soi est une épreuve qui place celui qui la vit en rupture avec lui-même. Prenant appui sur le personnage romanesque, elle illustre les ravages que produit sur nos constructions personnelles la prédétermination de nos vies. Indirectement, elle propose une réflexion autour de la question *De quoi la vie doit-elle être faite pour valoir d'être vécue?* – une question lancinante pour tous ceux qui ont l'impression que le sens de leur existence leur échappe.

Ce questionnement nous amène du côté de la jeunesse, directement concernée par le fléau que constitue cette « prédétermination de nos vies ». Nombreux sont les jeunes qui pourraient s'identifier à cet homme qui dort. Précarisés dans leur être, non pas matériellement, mais dans ces liens de pensée qui dessinent leur avenir à leur insu, ils nous signifient par leurs maux qu'ils se sentent privés de la possibilité d'exister. Leur sentiment d'exister ne peut pas éclore tant ils sont attendus. Un certain nombre d'entre eux provoquent des ruptures dans la réalité en ne suivant pas ce qui avait été pensé pour eux. En se révoltant, ils se libèrent de cet avenir prévisible. Nos jeunes veulent inventer leur vie et prendre le chemin d'une liberté inspirante qui leur ouvrira la possibilité de devenir eux-mêmes. Devenir soi est leur feuille de route, leur détermination. Au bout, il n'y a pas un métier, un travail, mais une vie qu'il s'agit de vivre, et non pas de remplir. Tout un programme que leurs parents ne comprennent pas toujours, persuadés qu'ils sont de leur avoir offert le meilleur, tel ce père qui me lance à propos de sa fille : « Je me suis coupé les deux bras pour qu'elle fasse des études et puisse avoir un métier d'avenir, et si je vous disais ce qu'elle fait aujourd'hui, vous ne me croiriez pas. »

L'imaginaire au service du narratif et du soin

Nos gourmandises narratives ne sont plus à démontrer. Nous aimons tout ce qui s'énonce, dans une conscience intime que chaque histoire construite peut être un révélateur de soi. En cela, l'immersion dans l'imaginaire de toute expression artistique nous sensibilise à nous-mêmes et, par extension, nous conduit aux autres, à tous ceux qui peuplent notre environnement. Il n'est d'ailleurs pas toujours question d'humains dans les histoires. La littérature enfantine prouve que les héros peuvent souvent puiser leur identité dans le monde animal. Les identifications fonctionnent parfaitement, et même un héros végétal a toutes les chances d'être l'ami des enfants.

La force de l'imaginaire est de nous toucher au plus profond de notre être et de mobiliser toute une gamme d'émotions et de sentiments qui nous nourrissent, nous mobilisent – plus encore, qui nous permettent d'exister parmi d'autres. C'est en nous ouvrant à nos ressources imaginaires que nous pouvons être au plus près pour partager une vie, avoir des enfants, soigner, aider, penser, créer, mais aussi instituer, gouverner, juger. Chaque acte de nos existences doit pouvoir puiser dans cette force qui vient éveiller notre capacité à *être touché*.

Être touché est le propre du lien d'empathie. À ce sujet, trois médecins hospitaliers ont tenté une expérience originale avec une trentaine d'étudiants de la faculté de Cochin Paris-V, donnant lieu à l'écriture d'un article qui commence ainsi: «Persuadés par leur pratique de l'intérêt des apports de la fiction à un grand nombre d'apprentissages, les trois auteurs ont mobilisé l'étude de quelques œuvres littéraires et cinématographiques afin de familiariser les étudiants avec les problèmes et enjeux qui interviennent dans leurs décisions, leurs choix et leurs actions lorsqu'ils sollicitent moins la partie technique de l'expertise que des ressources et une capacité de jugement personnels. En un mot, ils se sont appuyés sur la capacité de chacun à bâtir du réel en puisant aux sources infinies de la fiction*.»

La médecine est dominée par des enjeux de rencontre tout à fait déterminants dans la relation de soin. Les auteurs de l'étude affirment que «la fiction narrative apporte à l'enseignement de la médecine un supplément d'âme qui lui fait actuellement défaut. Au-delà de la composante technique de la médecine, elle permet de traiter des problèmes humains dont

*. Bernard Kahane, Michèle Lévy-Soussan, Jacques Blacher, «L'enseignement de la médecine à l'épreuve de la fiction», *Les Tribunes de la santé* (Presses de Sciences Po), vol. 2, n° 11, 2006, p. 55-79.

la prise en compte et la résolution conditionnent les capacités et les effets thérapeutiques». Pourrions-nous sans les trahir dire qu'ils cherchent à humaniser la médecine en sensibilisant leurs étudiants à leur propre sensibilité? Contrairement aux idées reçues, être «sensible» est loin d'être une faiblesse. Quand j'entends des parents me dire avec inquiétude de leur enfant: «Il est trop sensible» – sous-entendu «il n'est pas assez armé pour la vie», «il faut qu'il se durcisse» –, je mesure à quel point nous avons quitté ce lien pourtant vital.

En utilisant des textes littéraires ou cinématographiques, ces médecins expérimentés cherchent à transmettre à leurs étudiants l'importance de lâcher prise, de se laisser aller dans l'écoute d'une histoire qui est peut-être loin de celles qu'ils entendent entre les murs de l'hôpital, mais qui va faire œuvre de soin pour les soignants qu'ils souhaitent devenir. La dimension subjective est largement convoquée dans cet enseignement, qui prend l'allure d'une épreuve pour des jeunes habitués à un monde plus rationnel où ils pensent que leur décision médicale repose sur un savoir objectif. Le cheminement de l'enseignement est osé et passionnant, et l'évocation de la nouvelle japonaise *Rashomon*, de Ryunosuke Akutagawa, particulièrement éclairante. Cette œuvre raconte une même histoire plusieurs fois du point de vue de différents protagonistes. L'opinion du lecteur évolue au fur et à mesure que l'histoire s'enrichit des multiples interprétations qui en sont données. Ainsi, rien n'est fondamentalement faux, mais rien non plus n'est totalement vrai. « Ce procédé a un sens pour l'enseignement de la médecine (et pour celui des déterminants de la décision thérapeutique), puisqu'il permet de s'interroger sur les interprétations subjectives, en partie contradictoires, que peuvent avoir soignants, malade, famille, amis et collègues par rapport à une même situation de maladie. » Conduire un étudiant en médecine à éprouver à quel point toute interprétation, même médicale, est prise dans un faisceau de subjectivité favorise une attitude de « prendre soin » plus ajustée. Une posture qui n'est pas simplement celle du sachant, mais la relation de trois histoires qui s'unissent. Dans l'une d'elles, le médecin est lié au malade ; dans une autre, c'est le malade qui est en relation avec sa maladie ; et la dernière concerne le médecin et la maladie. « Enseigner la médecine, c'est, dans la perspective de *Rashomon*, s'intéresser à ces trois histoires [...]. » Nous pourrions extrapoler ce mode d'enseignement original à bien d'autres domaines tant « la fiction narrative permet une prise de distance et une ouverture sur le monde environnant. Nous pensons qu'un passage par la narration et la fiction peut avoir un impact à long terme pour l'étudiant et qu'il est également source d'enrichissement non seulement pour la pratique, mais également pour la vie ».

Conseils de l'enfant à un dirigeant
On dirait que…

• Tu reconnais que la perte de la musicalité de la langue appauvrit l'enfance et que tu mettras tout en œuvre pour la préserver.

• Tu connais les travaux qui associent la préservation de la langue et la préservation de la terre.

• Tu t'intéresseras au constat que moins il y a d'oiseaux, plus il y a de troubles du langage.

• Tu n'oublieras pas que moins on est en mesure de parler, plus on tape.

• Tu mettras au cœur de tes politiques pour éduquer, soigner, gouverner, les éléments narratifs qui les composent.

CHAPITRE IV
Border, être bordé, se border

Les soirs d'avant

«Va vite te coucher et je viens te border dans quelques minutes.» Ainsi me prévenait ma mère quand, enfant, je montais au lit.

Que voulait-elle dire à travers cette promesse de venir me border? J'ai le souvenir d'un effet immédiat d'apaisement sur la petite fille de 6 ans que j'étais. J'arrivais à monter seule à l'étage, alors qu'aucune lumière n'était allumée. J'arrivais à entrer dans ma chambre froide. Je devinais par une bosse à peine visible qu'une bouillote au fond de mes draps allait m'envelopper d'une première chaleur, signe que l'attention de ma mère m'avait précédée. Quand elle arrivait, elle se penchait sur moi, m'embrassait, s'asseyait quelques instants, me tenait la main en silence. Ma mère était peu démonstrative. Pudique, elle manifestait son amour en me bordant le soir, mais pas seulement.

Dans la journée, j'étais une enfant agitée. J'avais besoin de bouger, de faire du bruit, ce qui posait de nombreux problèmes à l'école. Le psychologue scolaire venait me chercher dans la classe une fois par semaine en vue d'améliorer mon comportement. S'il a échoué dans son objectif premier, mon plaisir à aller en séance était en revanche total. Là, j'existais, j'étais libre, je pouvais dire « je », j'étais considérée, on s'adressait à moi me laissant penser que j'étais une personne digne d'intérêt. Cela a eu des effets bénéfiques considérables sur mon devenir, et qu'importe si sur le moment je n'ai pas mieux travaillé à l'école.

Aujourd'hui, l'enfant que j'étais serait décrite comme instable, affligée de problèmes d'attention, et il y a fort à parier qu'on m'accolerait un certain nombre de « dys ». Ma mère, qui, comme toutes les mères, tâtonnait, cherchant à définir ce qu'est une bonne mère, en particulier avec une enfant difficile, déployait une créativité hors norme pour me border, contenir mon excitation, mes excès. Ayant une enfant dite compliquée, elle avait vite compris qu'être parent est une mise à l'épreuve de l'amour. Elle mesurait chaque jour combien aimer son enfant comporte d'ingratitudes, parmi lesquelles la nécessité d'accepter un enfant qui ne vous ressemble pas et surtout qui ne répond pas à vos attentes. Ma mère avait été une enfant modèle, entendez par là une enfant facile. Ces enfants-là ne viennent pas questionner le sens de l'amour ni le mettre à l'épreuve. Seuls les enfants ingrats se chargent de déranger, d'interroger, de mettre en débat ce sentiment amoureux.

Un jour, l'un de mes cousins s'est plaint auprès de moi de son deuxième enfant, le seul qui ne lui obéissait pas, alors que les autres ne lui posaient « aucun problème ». Il attendait de moi des « conseils ». Au cours de notre conversation, je lui ai dit soudainement : « C'est lui qui va te faire grandir. » Cette énonciation inattendue a été suivie d'un silence, après quoi s'est engagé un échange profond, intime entre nous, comme s'il avait baissé les armes, ne cherchant plus des solutions pour faire rentrer son enfant dans le rang, mais réfléchissant plutôt à ce que lui-même traversait. Je n'étais pas un sachant qui allait diagnostiquer son enfant, mais une interlocutrice avec une bonne expérience des enfants qui voulait partager ses interrogations, tenter d'approcher ce que lui attendait de l'enfance de ses enfants et ce que signifiait être parent. Nous ne devons jamais oublier, nous, parents, que les enfants ont toujours eu mille stratégies dans leur sac pour nous faire sortir de nos gonds et défier l'amouromètre : « Tu m'aimes jusqu'où ? »

Ma mère n'avait pas le temps de philosopher sur la notion d'amour, mais elle faisait preuve d'une créativité exemplaire pour tenter de me border tout au long de la journée. C'était ainsi qu'elle m'aimait. Elle avait l'art de multiplier les temps à l'extérieur pour que je me défoule ou de me proposer des activités ludiques répétitives quand je m'éparpillais, m'obligeant à une concentration très sensorielle. Elle me faisait compter, trier, sélectionner le tas de boutons dépareillés de sa boîte à couture. Ou ranger les Tupperware par ordre de grandeur dans le placard. Elle m'occupait, ayant compris qu'un parent doit se charger du «trop-plein» de son enfant. Ma pulsionnalité enfantine se voyait aussitôt prise en charge, donc adroitement canalisée. Pas de tentatives de rétorsion, pas d'attaque contre mes qualités d'enfant – «Tu es insupportable», «Tu n'écoutes rien» ou autres phrases que les enfants d'aujourd'hui peuvent entendre –, simplement une proposition ferme envers l'immature que j'étais. Ma mère savait que j'étais une enfant, une adulte en devenir, et pas en miniature. Elle ne se laissait pas déborder par mes débordements. Cela faisait son effet, comme lorsqu'elle me confiait une petite responsabilité si une dispute avec mon frère plus âgé – qui m'écrasait sous son statut d'aîné et donc me privait du simple droit d'exister, de décider de quelque chose – se profilait à l'horizon. On pourrait dire qu'elle veillait et que cette veille demandait une présence adaptée aux différents temps de ma vie d'enfant. Elle me bordait.

Rêver mon monde

Enfants, quand arrivait l'heure d'être calmes, nous pouvions nous installer sur une chaise ou nous allonger sur un tapis et caresser des coins de couverture ou d'édredon pour nous apaiser. Il pouvait aussi nous arriver de fredonner ou de répéter un geste en observant notre mouvement, ce qui déclenchait les rêveries. Avec ce support matériel sensoriel, nous rêvions notre monde, nos pensées s'envolaient, naviguaient. En anglais, l'expression *woolgathering* signifie « être dans la lune »; si on la traduit mot à mot, elle parle de former une pelote de laine. C'est une activité dite transitionnelle que D.W. Winnicott, pédiatre et psychanalyste de renom, appelait *aire intermédiaire de la folie primaire* pour indiquer que l'époque permettait alors aux enfants ce moment de folie*.

Pour Winnicott, qui aimait penser et théoriser les activités de l'enfant, l'objet choisi était aussi important pour ce qu'il n'était pas que pour ce qu'il était. Il devait pouvoir être aimé tendrement, attaqué

*. Donald W. Winnicott, « Objets transitionnels et phénomènes transitionnels », in *Jeu et réalité*, Paris, Folio, 2015.

sauvagement et, finalement, survivre au sens winnicottien, c'est-à-dire *rester le même.* Par là, Winnicott voulait dire que ce qui définit l'objet transitionnel, c'est *l'utilisation qui en est faite.* Et la seule personne au monde à pouvoir en décider est l'enfant. Le doudou, par exemple, n'est pas nécessairement un objet transitionnel. Il y a souvent confusion entre l'objet de prédilection de l'enfant, le *soother,* c'est-à-dire le calmant qui rassure, qui peut apaiser l'angoisse au moment de l'endormissement, et l'objet transitionnel. Sur cette question, remarquons qu'une fois encore notre logique économique et consommatrice a pris le pas sur les liens psychiques. Les magasins de puériculture regorgent de magnifiques objets en tissu, doux, colorés, attirants, qui font littéralement fondre les parents. Le doudou est ainsi choisi avant même que l'enfant ne vienne au monde. Il est investi matériellement par les parents à partir de leurs critères esthétiques. Certes, il peut ensuite devenir l'objet transitionnel, mais pas toujours.

Si les objets transitionnels que l'enfant a créés sont voués à disparaître, l'aire transitionnelle, elle, est appelée à durer toute la vie. C'est comme une aire de repos où l'on peut s'abandonner à « être ». Winnicott l'a très vite théorisée comme un espace de rêverie, l'endroit de notre plus grande vérité, le lieu de notre réalité profonde.

Mon enfance a autorisé et même encouragé ces espaces. Ils m'ont permis de me contenir, de tenir, de supporter la réalité, car je pouvais aller m'y réfugier et y vivre. Je dis souvent que je ne m'ennuie jamais, et je le dois sans doute à ce vécu dans une *aire intermédiaire d'expérience*, dirait Winnicott, cette *troisième aire* qui est un espace potentiel, un endroit où se reposer, une *localisation de l'expérience culturelle**. Un espace qui est autant un lieu qu'un processus se déroulant dans le temps.

Le plus surprenant avec ces théories du milieu du siècle dernier, c'est leur incroyable fraîcheur. Dire que nous avons tous besoin de ces espaces personnels qui nous laissent en paix, où l'on peut *s'abandonner à être*, semble plus révolutionnaire aujourd'hui qu'hier. Des lieux de décompression ? Plus encore des lieux de vie, des lieux d'expression, de relation avec soi-même, avec d'autres, des lieux d'expérience. Nos vies sous tension ont besoin d'espaces winnicottiens.

C'est même vital pour les enfants, eux qui n'ont plus de place pour le temps vide, pour le soi-disant « rien », pour se retrouver en face d'eux-mêmes. De ces temps de l'*informe*** peut surgir un moment créateur, un moment où l'enfant se perd dans ses pensées

*. Laura Dethiville, *Donald W. Winnicott. Une nouvelle approche*, *op. cit.*

**. *Ibid.*

et se met à rêver, inventer, raconter. Le temps perdu ne leur est plus offert tant notre société a fait de la saturation une marque d'excellence. *Faire des activités* est tellement valorisé que nous recevons des parents craignant que leurs enfants ne s'ennuient. Ils y voient une attaque contre leur fonction parentale. Comme s'ils étaient pris en défaut, accusés d'être de mauvais parents.

J'ai beaucoup joué enfant. Joué dedans, joué dehors, joué dans les temps thérapeutiques, ma mère ayant compris que c'était ainsi que je m'apaisais et que c'était un lieu d'expériences où j'apprenais en éprouvant la vie. Le soir, elle décrivait à mon père tout ce que j'avais découvert, et ensemble ils se rassuraient sur mon devenir. Ils riaient de mes aventures, oubliant alors mes difficultés enfantines à m'adapter en milieu scolaire. J'étais curieuse, téméraire, joyeuse, et si l'école ne me comprenait pas, je gardais une appétence rassurante. J'ai grandi sous leurs regards amoureux, bordée et autorisée à vivre ma folie enfantine.

La promesse

Devenue mère de famille, j'ai adoré l'arrivée de la couette, qui a simplifié ma vie de femme en me permettant de faire bien plus rapidement qu'avant la tournée des cinq chambres de ma famille nombreuse. Fini l'époque où il fallait tirer les draps et rendre le dessus de lit impeccable en bordant chaque enfant au moyen d'une technique que seule une pratique régulière permettait d'acquérir. L'expression « Je vais venir te border », promesse d'une tendresse ferme, a alors disparu, et avec elle la question du *bordage*. Pour les raisons sentimentales que je viens de dévoiler, j'aime l'expression *border*, mais j'aime plus encore sa promesse à l'égard de l'enfant et, plus largement, le fait qu'elle contienne l'idée d'une présence forte qui assume ses obligations.

Ces obligations ne se limitent pas à la sphère familiale. En entreprise ou au sein d'un État aussi il faut, à un moment ou un autre, *border* la vie qui s'y déroule. Sans ces bords, l'harmonie ne peut pas s'installer et les valeurs de dignité, de respect, d'égalité, de fraternité ne sont que de pâles expressions incapables de répondre à nos besoins.

Personne n'échappe à la responsabilité de devoir un jour border son enfant, son collègue, un ami, un conjoint. De devoir délimiter l'espace, dire le supportable, rappeler l'intimité, protéger aussi, comme un rappel d'un lien étroit. En famille, cela touche au sujet délicat de l'autorité. Les parents que je reçois me disent menacer leur enfant de le *gronder*, de le *punir* quand il leur tient tête ou qu'ils n'arrivent plus à le contrôler. Je les vois mal menacer de *venir le border*. Et pourtant...

L'autorité est une promesse de présence qui s'estompe avec le temps. Au commencement était le « non », celui qui borde, pose des limites et dessine un espace. L'enfant qui entend le « non » sait où il peut se tenir et s'exprimer en toute sécurité. Contrairement à la représentation que nous en avons souvent, le « non » est une ouverture ; par ses interdictions, il autorise, car il dessine du possible. Le « non » met des bords et rassure l'enfant, qui peut s'épanouir en toute tranquillité. Bien entendu, il est question ici d'autorité, et non d'un autoritarisme malveillant exercé par des adultes immatures qui compensent leurs faiblesses par une violence exacerbée, des parents-tyrans qui régissent la famille selon leur volonté et leur intérêt, sans aucun désir de transmission. Bien entendu, le tyran existe aussi dans le monde professionnel ou à la tête des États. Il est celui qui abuse de sa fonction, n'écoute pas ceux dont il a la charge et croit qu'avoir la responsabilité des autres autorise à profiter d'eux.

Le jeune enfant, s'il n'est pas bordé, ne sait pas arrêter sa quête de possession et de consommation. D'ailleurs, il est un temps dans sa vie où l'être et l'avoir se superposent et se confondent. Par exemple, voyant un autre enfant s'amuser avec une voiture rouge, il se précipite sur lui pour la lui arracher. Une fois en possession de la voiture, il la manipule quelques instants, puis la délaisse. Il n'en veut pas. Il est déçu, car ce qu'il voulait posséder, c'était le rire de l'enfant qui jouait avec. Il a confondu *avoir la voiture* et *être heureux*. Souvent, l'enfant est grondé pour avoir pris le jouet et fait de la peine à l'autre. Il est vrai qu'il est complexe de comprendre la logique enfantine et de visualiser que c'est une construction, un mouvement qui doit être pris en charge. L'enfant a besoin d'entendre que lui aussi peut être heureux en jouant avec une autre voiture et, souvent, être accompagné vers un objet alternatif.

Border : un artisanat en faveur de la transmission

Contenir, border, ce n'est pas gronder, et encore moins punir, mais c'est limiter. Ton plaisir ne peut pas faire loi. Mon désir est que tu grandisses, que tu deviennes un parmi les autres et qu'un jour, à ton tour, tu endosses cette fonction pour toi-même, puis pour ceux dont tu auras la charge. Si nous devions concevoir une formation pour les cadres ou pour toute personne assumant des responsabilités, nous aimerions les mettre à l'épreuve de construire une série de bordages : border un lit, faire les bords d'une tarte, cimenter des bords, puis entrer en dialogue avec la fonction de bord. Il y a beaucoup de douceur et de rondeur dans cette approche, qui rend compte de l'intérêt porté à autrui.

L'altérité est tapie tout près des bords. En cela, l'autorité est un sujet hautement politique que Hannah Arendt aborde dans *La Crise de la culture** à travers un chapitre qu'elle n'hésite pas à intituler « Qu'est-ce que l'autorité ? ». Elle légitime sa question par le constat de la disparition de l'autorité dans notre monde moderne et rappelle d'emblée que l'autorité exclut l'usage des moyens extérieurs de coercition : « Là où la force est employée, l'autorité proprement dite a échoué. » De même, l'autorité est incompatible avec la persuasion, « qui présuppose l'égalité et opère par un processus d'argumentation. Là où on a recours à des arguments, l'autorité est laissée de côté ». Si elle évoque une crise de l'autorité, c'est pour attirer notre attention sur le sens symptomatique qu'elle revêt. En effet, cette crise a gagné des sphères pré-politiques comme l'éducation et l'instruction des enfants, où l'autorité a toujours été acceptée « comme une nécessité requise par les besoins de dépendance de l'enfant et la continuité d'une civilisation constituée, qui ne peut être assurée que si les nouveaux venus par naissance sont introduits dans un monde préétabli où ils

*. Hannah Arendt, *La Crise de la culture*, Paris, Folio, 1989.

naissent en étrangers». La perte de cette autorité prépolitique conduit à obscurcir le mot lui-même et à l'entourer de controverse et de confusion.

À l'heure où j'écris, des pratiques éducatives soutenues par des courants de pensée concurrents s'affrontent, vidant par là même le sujet de sa substance et le rendant ridicule. Dans les pages de journaux respectables, cette question dont s'emparaient autrefois les philosophes se trouve réduite à *pour ou contre mettre l'enfant dans sa chambre*. Le sujet central est devenu «Faut-il punir les enfants?», sans un mot pour le fait que le bébé humain est un être en construction qui a besoin d'être contenu, accompagné et guidé dans ses initiatives, et sans rappeler que la question de l'autorité mobilise le thème de l'amour dans son versant protection, mais aussi transmission. Un parent va vouloir transmettre à son enfant, à travers l'amour qu'il lui porte, des valeurs familiales partagées. La part amoureuse d'un parent envers son enfant est complexe, et l'enfant qui arrive, cet autre différent, va devoir trouver sa place, s'inscrire dans ce qui est attendu de lui sans y coller, en construisant l'écart nécessaire à sa propre identité, qui n'est pas l'exacte reproduction de ce que sont ses parents. À travers l'autorité, chaque famille définit ce qu'elle autorise et que l'on ne retrouvera pas nécessairement dans d'autres. L'autorité est comme un muscle; elle se façonne au fil du temps, d'une pratique quotidienne. Il y a dans l'autorité une dimension artisanale à rappeler, mais surtout à défendre. Le choix médiatique actuel va dans le sens inverse : l'autorité est abordée sur un mode stérile et passionnel, à travers une succession d'opinions qui va à l'encontre de l'idée de délibération qu'implique toute démocratie.

L'autorité n'est pas un objet fini qui peut être vendu par des marchands de conseils ni cloué au pilori par des prises de position qui, si respectables soient-elles, ne donnent pas les moyens de penser.

Sa dimension artisanale fait du parent une sorte d'explorateur qui tente différents chemins pour accompagner son enfant. Il peut douter, se tromper, mais toujours il cherche à protéger son enfant en évitant au maximum les maladresses. Il est en responsabilité.

Du bordage de la chambre utérine à la fonction de border

Il est difficile de parler de cette fonction centrale sans prendre le temps d'en expliquer les origines. Là encore, il faut remonter au moment de la naissance, lorsque le nouveau-né quitte la vie aquatique intra-utérine pour conquérir un nouveau monde aérien caractérisé par le mode de vie respiratoire. Le confort du flux continu apporté par le cordon ombilical s'interrompt, et l'enfant est soudainement soumis au rythme alterné de la faim et de l'apaisement, des temps où il espère être secouru, contenu dans une continuité d'être. L'amour, comme la vie, commence dans l'inconfort du besoin vital de ne pas être seul.

Revenir à l'aube de notre vie permet de mettre l'accent sur ce qui nous caractérise et de donner de la profondeur et de la grandeur à notre condition native néoténique. Dépendants nous naissons, dépendants nous resterons, car si notre corps est amené à grandir, à forcir et à gagner en indépendance, c'est bien parce qu'il troque son habileté physique contre une dépendance affective. C'est bien parce qu'il se met à aimer ses parents et qu'en retour ceux-ci lui offrent ce regard de reconnaissance et d'engagement amoureux que le bébé humain peut se développer et aimer au-delà d'eux, mais pas sans eux. Passer de notre condition néoténique à notre condition névrotique est l'enjeu de toute croissance. C'est un échange de fonctions contenantes dont l'humain a besoin tout au long de sa vie. La tension du couple dépendance/indépendance occupe nos existences ; c'est un dilemme qui se résout par l'envie d'aller de l'avant, mais pas sans crainte, pas sans heurts, parfois avec hésitation, comme pour ces jeunes enfants agrippés au corps de leur parent devant l'école maternelle, incapables de se séparer, n'arrivant pas à lâcher la fonction contenante du corps pour la remplacer par celle du lien de pensée.

Dans nos consultations, nous voyons souvent des enfants dits imprévisibles qui peuvent soudain s'échapper du bureau, crier, taper, tout jeter, dans une démonstration évidente que quelque chose ne va pas. Ces enfants occupent l'espace, l'envahissent, ce qui participe de la plainte parentale. Ils ont beaucoup de jouets, en exigent toujours plus, mais lorsque nous les observons nous constatons qu'ils les consomment puis les oublient, ne parvenant pas à les investir pour en tirer une expérience ludique constructive. Nous pourrions dire qu'ils picorent ici et là sans jamais réellement se poser. Les objets sont malmenés, placés en équilibre, tombent, ce qui met l'enfant en colère, voire en furie, sans pour autant qu'il essaie de trouver le bon angle pour en faire une construction. Les jeux de poupée sont marqués par le trop : trop ensemble, trop collés, trop serrés, comme si les liens n'arrivaient pas à trouver une juste distance. Dans le cadre thérapeutique, il nous faut jouer de cette promesse de les *border*, nous tenir tout près d'eux physiquement pour que la chaleur de notre souffle les enveloppe, que nos murmures faits de phrases courtes les contiennent, que notre regard qui ne les quitte pas dessine un espace restreint dans lequel ils peuvent se tenir, se poser, se calmer, prendre le temps d'éprouver corporellement notre présence. L'art de prendre soin revient à faire des détours vers ce qui a manqué pour aider celui qui se perd avec lui-même à retrouver le chemin de sa croissance.

Les enfants s'expriment souvent à travers ces excès, que ce soit à l'école, dans la rue, dans des lieux publics ou privés. La famille est le théâtre de l'absence de cette fonction contenante que les adultes éprouvés n'arrivent plus à exercer. Nous ne bordons plus nos enfants le soir, l'expression a disparu, et avec elle une nouvelle ère s'est ouverte. L'arrivée de la couette serait-elle le symbole de la défaillance du bordage ?

Nous nous débattons tous avec la difficulté contemporaine d'accepter le refus. La profusion d'objets et la consommation continue étant confondues avec l'amour donné, dire non, c'est désavouer l'amour. Les parents, pris au piège de cette confusion, imaginent mille moyens de garder leurs convictions, leurs valeurs, et de dire « non ».

Non, tu ne regarderas pas la télévision, ton téléphone, ton iPad, tes jeux. Les parents ont entendu les campagnes qui déconseillent les écrans et en détaillent les effets sur la santé de nos jeunes. Ainsi informés, ils sont tétanisés face à la montée en puissance des demandes de leur enfant – regarder un peu plus longtemps leur film, leur série, ou juste aller parler avec leurs « amis ». Quand ils n'arrivent plus à prononcer le

« non » salvateur, ils ont le sentiment d'être à l'origine du poison qui entre dans les veines de leur enfant. À 12 ans, leur pré-ado est quasi incontrôlable, il s'empare des écrans, et la famille frise la rupture.

En consultation, lorsqu'il est question des autorisations, et en particulier des écrans, je leur demande souvent : « Avez-vous abordé avec votre enfant la façon dont il voit les choses ? Que veut-il exactement ? » Mon idée est de mettre l'enfant à contribution et de lui proposer d'imaginer son propre bordage. Il sait qu'il ne peut pas demander à rester sur son écran toute la journée ; il sait qu'il faut des limites ; aussi, pourquoi ne les dessinerait-il pas lui-même ? Passer par l'avis de l'enfant n'est pas céder à la permissivité, comme le pensent certains parents. Il s'agit avant tout de mesurer où il en est dans sa capacité à prendre soin de lui. Savoir où il va mettre le curseur, sur ce sujet et sur d'autres, est non seulement intéressant, mais source d'un dialogue rassurant. J'ai expérimenté cela avec mes propres enfants, lorsqu'ils étaient adolescents, autour des sorties le soir. Les perpétuelles négociations pour obtenir quinze, dix, voire cinq minutes de plus m'épuisaient et nous enfermaient dans une sorte de marchandage ridicule. Tenter de fixer des limites ensemble peut se faire avec l'enfant dès son plus jeune âge, et cela porte ses fruits. Mieux, cela réserve des surprises. Récemment, des amis à qui j'avais fait cette suggestion pour gérer le temps d'écran de leur fils de 8 ans ont été abasourdis par ce que ce dernier leur proposait : un temps inférieur à celui qu'il y passait jusque-là ! En fait, dans le monnayage auquel il se livrait auparavant entrait sûrement aussi un besoin de prendre ses responsabilités, d'être considéré. Bien sûr, je ne sais pas exactement ce qui s'est joué à travers cette proposition si raisonnable, mais il est évident que la confiance qu'on lui a témoignée et le choix qu'on lui a permis d'exercer l'ont nourri. Il a été mis en responsabilité.

Dans notre vie moderne, les enfants portent le poids d'un manque de dialogue, de liens, d'expériences créatives, d'imaginaire. Cela fait d'eux des enfants carencés dans une société d'opulence. Nous n'avons pas le temps de réaliser qu'ils doivent faire courir leur enfance pour tenter de rester à notre hauteur. Les enfants d'aujourd'hui ne peuvent pas expérimenter l'échec tant le « tout, tout de suite et tout de suite bien » est un slogan de chaque instant : s'habiller vite, manger vite, s'endormir vite, apprendre vite, grandir vite, réussir vite et partir vite.

L'essoufflement de la famille se mesure à l'aune des symptômes des enfants, de plus en plus précoces, mais aussi à celle de l'épuisement parental.

L'absence de bordage nie l'altérité, produisant de l'inégalité et de la violence

Dans ma vie de citoyenne occupée au quotidien à de multiples tâches – rendez-vous à la banque, téléphone, assurances, relations avec mes responsables –, je reçois de plus en plus souvent l'agressivité du plus grand nombre qui est en réalité une pulsionnalité non bordée, comme si notre société ne faisait que fabriquer des êtres dépourvus de toute fonction interne de contenance. Des individus qui n'ont pas intériorisé le bordage. Incapables de réguler par eux-mêmes leur état émotionnel. Je suis confrontée à des individus jamais bordés. Leur immaturité en matière de pulsionnalité est frappante et inquiétante. Si je contrarie mon interlocuteur au téléphone quand je tente de résoudre un problème, il me raccroche au nez et me laisse seule, impuissante. Pire, son agressivité est contagieuse, et je peux à mon tour exploser avec la première personne qui me dit un mot de travers. Seule mon éducation, à savoir cette mère qui m'a bordée et donc contenue, me permet de m'adapter à cette société de plus en plus dure et de plus en plus injuste, une société où l'inégalité règne avec la complicité de la technique. Car si vous êtes à l'aise avec les technologies, vous pourrez réserver votre train plus rapidement, donc bénéficier de tarifs préférentiels;

vous pourrez vous faire servir en premier à la voiture bar parce que vous aurez passé commande sur une appli ; vous pourrez trouver un taxi sans faire la queue.

Ce n'est donc plus l'éducation qui borde notre société, mais le rapport avec les technologies, un rapport qui ne requiert aucune qualité humaine, aucune attention à l'autre, aucune empathie, mais au contraire une simple relation à soi-même et à son plaisir immédiat.

Border est une fonction qui prend en compte l'Autre dans son immaturité, sa vulnérabilité. *Border* est un mouvement vers, une reconnaissance de la valeur de cet Autre, une volonté de l'accompagner dans la vie. Sphère familiale, amicale, professionnelle : la question reste la même. On se sent responsable, en responsabilité, ce qui n'a rien à voir avec le fait d'exercer un pouvoir sur un autre que soi, mais implique bien de prendre en considération cet Autre et de l'accompagner dans cette part de vie qui nous est confiée.

Il est vrai que chaque jour des faits divers viennent illustrer ce défaut de bordage. Les féminicides, qui témoignent de la pulsionnalité incontrôlée de certains compagnons face à leur conjointe, se comptent par dizaines tous les ans. La description de ces mises à mort est le plus souvent insupportable. Il en est de même de la maltraitance, des abus, des viols sur des enfants parfois âgés de quelques mois. La défaillance précoce de cette fonction contenante essentielle n'est jamais interrogée, et il n'est pas rare qu'un deuxième, un troisième, un quatrième enfant soit laissé à des couples ayant commis le pire, comme si, contrairement aux précédents, il pouvait être épargné. Combien de fois lors de mes expertises ai-je entendu des juges me dire qu'il fallait leur donner une nouvelle chance ? Croient-ils qu'un bouclier va se dresser par miracle devant leur pulsionnalité meurtrière ? Et que dire des meurtres publics, comme cette professeure tuée en pleine classe par un jeune garçon de 16 ans soudainement débordé par des pensées envahissantes que rien n'a pu arrêter ? C'est un enfant qui n'a pas été bordé, contenu. Il a tué, et tout a basculé. Le voilà meurtrier à jamais. Il a à peine eu le temps d'être adolescent. Les médias nous apprendront que ce n'était pas prévisible, que c'était un jeune sans histoires, tout en évoquant une tentative de suicide et des prises médicamenteuses, témoins de son mal-être. Or une souffrance non contenue est toujours une bombe à retardement.

Dans les rues des grandes villes, à commencer par Paris, il n'est pas rare de rencontrer des femmes et des hommes aux comportements dits étranges, qui en réalité sont l'expression d'une souffrance psychique en attente d'être soignée. Les hôpitaux à l'agonie, dépouillés de leurs actes de soin au profit d'un management coûteux, ne peuvent plus les accueillir.

Plus sobrement, les défaillances de cette fonction contenante s'observent chez ce *monsieur Tout-le-Monde* qui, furieux qu'un vélo lui ait fait une queue de poisson, le poursuit pour lui donner une leçon, ou chez celui qui descend de voiture pour en venir aux mains avec un autre automobiliste qui l'aurait klaxonné. Tous ces petits gestes allant de l'incivilité exacerbée à la violence agie sont autant de signes du lâchage d'une fonction qui, jusque-là, tenait, contenait, ce que nous pourrions simplement appeler le vivre-ensemble.

La fonction de border en démocratie

Comment une démocratie peut-elle penser cette fonction de *border* et développer les outils politiques, poétiques et philosophiques* nécessaires pour relever les défis contemporains ? Pilier et fondement de notre société, cette fonction allierait *capacité de rêverie* et *fonction contenante* dans une politique à l'architecture audacieuse qui chercherait à mettre l'accent sur la responsabilité.

*. En référence à l'ouvrage d'entretiens avec Carole Guilbaud d'Aurélien Barrau, *Il faut une révolution politique, poétique et philosophique*, Paris, Zulma, 2022.

Lorsqu'on observe la société actuelle, on est frappé à la fois par la cadence des journées, qui attaque nos rythmes sociaux, par nos besoins de consommation et par la course à la réussite. Réussir n'est plus penser son devenir, mais assurer son avenir. L'épanouissement de soi passe après la réussite sociale, celle-ci étant directement définie par la réussite financière. La course à la vie réussie est engagée, et avec elle un nouvel instrument, « la norme, qui n'a plus pour objet des individus mais des populations, qui dit non pas ce qui est légal ou illégal mais ce qui est normal ou pathologique* ». Notre capacité à produire devient centrale. Foucault avait noté que, dès lors que la valeur d'une marchandise équivaut à la quantité de travail qu'elle incorpore, gouverner la force de travail devient essentiel. Les pouvoirs disciplinaires qu'il abordait dans *Surveiller et punir* révèlent que, dans un certain nombre d'institutions – prisons, écoles, usines, hôpitaux –, le rapport au corps se transforme et l'on passe d'une économie de la punition à une économie de la surveillance et de la correction. « Ce que Foucault appelle une grande anatomo-politique témoignant d'une volonté généralisée d'instaurer une orthopédie sociale : il faut dresser et

*. « Foucault démultiplie les figures du pouvoir », entretien avec Judith Revel, *Le Un*, 22 juillet 2022.

redresser, il faut rendre apte, productif, efficace, et surtout il faut rendre docile. L'accrochage des corps au travail passe par des dispositifs qui permettent de gouverner à la fois les gestes, l'espace et le temps. Dire que "la vie vaut" revient à s'assurer de sa disponibilité et de sa malléabilité. »

L'expression « la vie vaut » sur ce mode négatif pourrait tout aussi bien être retournée. Elle définirait alors les deux grandes qualités d'un psychisme nourri et fort : sa disponibilité et sa malléabilité. L'*Homo sapiens* a besoin de vivre avec un psychisme capable d'ouverture, mais aussi d'ajustement permanent pour que sa pensée se vivifie. S'il est bordé, ses émotions sont prises en charge, le trop-plein pulsionnel est contenu, et le Sujet peut se dépasser. S'il est bordé, l'*Homo sapiens* peut résister aux secousses de notre modernité et refuser de devenir docile, exempt de tout esprit critique.

Mais je vois aussi le Sujet bordé comme étant *en responsabilité*, ce qui me relie à la philosophie de Levinas telle que Corine Pelluchon, spécialiste de cet auteur, l'expose : « Le sujet est défini par la responsabilité, qui ne désigne pas une obligation ni le fait d'obéir à une norme extérieure, mais est une injonction venant de l'autre qui m'affecte, me déplace, modifie le rapport que j'ai à moi-même. Non seulement autrui peut avoir besoin de moi, parce que, comme moi, il est vulnérable : il a un corps, qui peut s'altérer, il a faim, soif, et a besoin d'un toit. Mais de plus, sa misère, le fait qu'il souffre de privations, qu'il a besoin de nourritures matérielles et spirituelles, de pain, de travail, de reconnaissance, remettent en question le bon droit de ma liberté. Autrui assigne des limites à mon droit d'utiliser tout ce qui est bon pour ma conservation. Ainsi, l'éthique n'est pas seulement ni essentiellement une discipline normative liée à la compréhension de ce qui est bien et mal ; elle est l'acte par lequel je fais de la place aux autres au sein de mon existence*. »

Conseils de l'enfant à un dirigeant
On dirait que…

• Tu te rappelleras toujours que le parent est un artisan.

• Tu ne chercheras pas à dompter le temps de l'enfance et tu reconnaîtras que l'enfance est un temps où la folie a sa raison d'être.

• Tu chercheras à créer des espaces transitionnels pour soutenir l'apaisement social.

*. Corine Pelluchon, *Pour comprendre Levinas, op. cit.*

• Tu prendras en compte que border, c'est délimiter, c'est prendre soin.

• Tu transmettras que l'autorité autorise, dessine du possible.

• Tu porteras qu'être en responsabilité, c'est savoir border.

• Tu te rappelleras que là où la force est employée, l'autorité a échoué, la démocratie est en danger.

• Tu auras à l'esprit qu'une société non bordée crée de la violence et des inégalités.

• Tu auras en mémoire que border est un artisanat à transmettre.

CHAPITRE V

Tenir parole

Jouer et devenir

Bien calé dans sa chaise haute, Achille, 7 mois, a vue sur toute la pièce. Il palpe son jouet préféré, un doudou chien vieilli par le contact de ses doigts. À quelques mètres de lui s'affaire une femme qui ressemble à sa mère. Elle en a les courbes, et il lui paraît qu'elle se meut comme elle. La pièce est paisible. Alors que rien ne semble pouvoir assombrir l'atmosphère, Achille se met à se tortiller, montrant des signes de nervosité. Le doudou chien commence à pencher dangereusement dans le vide, quand soudain Achille ouvre les doigts et le lâche. Ses yeux suivent la chute et se fixent sur l'objet un instant. Il reste ainsi un moment, penché, puis lève les yeux sur la dame, qui aussitôt lui sourit: «Et boum, le doudou!» Elle s'approche, se baisse, ramasse le petit chien poilu et le repose sur la tablette de la chaise haute. « Et voilà ! » Elle repart sereine au fond de la pièce où elle était occupée. Achille, le visage fermé, malaxe avec vigueur la fourrure vieillie retrouvée, qu'il ne tarde pas à lâcher une deuxième fois. Retour du sourire qui parle : « Oh le coquin ! » Le chien réapparaît devant lui, mais il ne s'écoule pas deux secondes avant qu'Achille ne le lance de nouveau par terre. Fidèlement, sa mère vient et repart, acceptant les allers-retours entre son activité et celle de l'enfant. Elle joue le jeu dans une musicalité qui associe sa voix et son corps, jusqu'à ce qu'enfin l'enfant sourie, rassuré. *C'est elle, c'est toujours elle, qu'elle soit loin ou près je suis bien avec elle, et où qu'elle soit ma mère reste la même.*

Nous connaissons tous ce jeu enfantin, mais nous ignorons qu'il joue un rôle central dans le développement du bébé. Et il en amène un autre, le caché-coucou, par lequel l'enfant tente l'expérience de perdre de vue celui qu'il aime pour aussitôt vérifier qu'il est toujours là. *Caché- coucou*, les mains se posent devant le visage, doigts écartés dans un premier temps afin de ne pas précipiter la disparition. *Caché-coucou*, on rit ensemble, et l'enfant partage avec un autre la joie des retrouvailles. Il faut le faire, le refaire et le refaire encore pour que le tout-petit acquière la certitude que se perdre de vue, ce n'est pas se perdre. L'enfant qui initie ce jeu énonce qu'il veut grandir, qu'il se sent capable de franchir cette nouvelle étape, de perdre le corps-à-corps pour entrer dans le monde de la pensée. *L'autre existe parce que je le pense. Quand il est loin, il me manque, mais je sais que je ne l'ai pas perdu et je peux le penser partout et tout le temps. Il existe ainsi en permanence en moi. Je peux aller à la crèche, chez des amis, chez mes grands-parents, chez ma nounou, je suis serein.*

Le jeu se joue dans l'altérité et fonde une sécurité interne indispensable à l'existence du bébé humain, à notre existence. C'est toujours dans ce contexte d'être ensemble que les histoires se construisent et prennent sens. Jouer à disparaître est un nouveau récit pour le bébé. C'est une histoire indélébile qui s'écrit. Il faut un autre joueur qui accepte la répétition de la proposition, un adulte aimant qui jubile avec l'enfant et l'assure de sa fidèle présence.

Ces jeux de la vie sont des dialogues qui instaurent plusieurs niveaux d'échanges. Tous conduisent au temps de l'individuation. Un temps qui écrit l'amour par la présence, la reconnaissance de la fragilité à accompagner, la conscience de la différence, la volonté que celui qui éprouve sa croissance dépasse ses peurs et grandisse. Tous ces messages tiennent en un corps présent, un corps parlant qui vient signifier qu'il *tient parole*, qu'il s'engage pour qu'à son tour le petit *Homo sapiens* devienne un sujet pensant, un sujet parlant, un sujet de droit dans un état de droit dont le souci premier est de construire les conditions d'émergence d'un Sujet libre.

La présence comme parole

Lorsque ma fille quitte la pièce où se tient son fils, elle le prévient : « Je reviens, mon cœur. » Lui, du haut de ses 15 mois, s'immobilise et tourne son visage du côté de la pièce où elle a disparu. « Maman ? » Il tend son corps dans une attitude d'attente, ne pouvant ni poursuivre son activité ni en initier une autre. Un « Je suis là, mon cœur ! » résonne en écho. « Oui, oui, je suis là », et elle passe une tête dans l'encadrement de la porte, provoquant immédiatement la remise en activité du petit Yvon. Il s'anime, joue avec son bout de gâteau, le met dans sa bouche, le mouille de sa salive, le retire pour l'observer, se met à l'écraser entre ses doigts maintenant qu'il est devenu mou, lève une main en l'air et regarde le minuscule morceau resté collé sur son pouce. Il est plongé dans une incroyable concentration, une réflexion rêveuse qui cherche à structurer sa pensée. *Ce bout, c'est un bout de moi ? C'est moi ? Cette main en l'air, c'est bien la mienne ? Je peux la perdre ?*

L'éloignement de sa mère l'incite à jouer à l'éloignement d'un bout de son corps, ce bras qui se lève haut au-dessus de sa tête et qui reste son bras. Découverte incroyable qui le tient en vie, qui lui donne envie de poursuivre sa croissance. Viendra le temps où il prendra la parole dans de joyeuses interrogations qui le conduiront à cheminer vers des affirmations. Pour l'heure, il est engagé dans un travail intense qui n'est possible que parce qu'il sait que ne pas voir sa mère n'est pas synonyme de l'avoir perdue.

La musicalité maternelle en écho à l'interrogation de l'enfant, dans un ballet vocal extrêmement bien rodé, le construit. D'autant que la voix de sa mère, il la connaît bien, et ce depuis qu'il a pris l'habitude de gambader dans sa chambre utérine. C'est là qu'il a commencé à être réceptif, attentif à cette voix, plus forte et plus audible que les autres. Difficile de savoir s'il jouait avec, mais une chose est sûre, c'est qu'elle possède un caractère singulier. Sa conduction, qui n'est pas qu'aérienne, lui donne un caractère unique. Elle s'infiltre dans les tissus abdominaux, dans le liquide amniotique, et aussi par l'intermédiaire de la colonne vertébrale et des ailes du bassin, et produit cette texture surprenante. Et si l'on présuppose que *le fœtus vit le son comme un contact,* c'est parce que l'on perçoit que les ondes sonores de la voix créent des vibrations infimes mais distinctes sur le tympan et sur la peau, de sorte que celles-ci sont autant senties qu'entendues. Quand les mères parlent, elles partagent une expérience de corps-à-corps avec le bébé en intra-utérin qui va au-delà de la simple expérience vocale et auditive localisée. La relation entre l'ouïe et le toucher est telle que les bébés entendent avec la peau. La naissance est une poursuite de ce lien privilégié.

L'enfant qui appelle sa mère donne une musicalité interrogative à son adresse, tout en présentant une attitude sereine, une certitude que l'apparition n'est jamais loin après la disparition. L'interrogation n'en est pas une, c'est une réponse ludique, comme lorsque les amoureux se questionnent les yeux dans les yeux, « Tu m'aimes ? », avec la certitude de la réponse.

Nous portons en nous cette part musicale de nos êtres. Nos voix nous révèlent et dessinent les contours de nos corps, de nos espaces, de nos liens. La peau audio-phonique faite de murmures, de caresses, de regards, de corps, est un premier espace psychique narratif dans lequel s'inscrit chaque protagoniste de la famille. Là sont les amarres du développement du lien pour l'enfant, mais aussi pour le parent. L'enveloppe sonore qui fait l'intimité, celle qui donne de la texture à la confiance, est le noyau invisible de nos toutes premières relations. On peut tomber fou amoureux d'une voix sans vraiment savoir pourquoi. On sait simplement qu'elle nous porte, nous transporte, nous enveloppe, dans un partage heureux qu'on souhaite ne plus quitter. Entendre un chœur peut aussi nous bouleverser, la peau de tout notre corps se tendant vers ces voix à l'unisson. De même, les chants d'oiseau à l'aube ont le pouvoir de nous émouvoir, de nous subjuguer, arrêtant le temps qui reste suspendu aux sifflements.

La *parole qui tient* est une étrange alchimie. Présence sonore, présence sensible, elle contient la préciosité de l'altérité et donne à l'enfant le souffle nécessaire pour s'individuer et devenir soi.

Tenir parole, c'est savoir être là et s'absenter.

Lorsque la mère chantonne son retour imminent, elle est presque déjà là, mais pas encore là. L'enfant peut donc continuer seul tout en étant accompagné par l'image interne de sa mère. Porter l'autre en soi est le passeport pour l'autonomie et, plus encore, pour la reconnaissance de cet autre différent sur qui l'on peut compter. En cela, l'autonomie est un rapport à l'autre. On peut tout faire, tout oser, tout engager, et même aimer ailleurs quand on se sait aimé par ceux qui vous apprennent à marcher.

Nombreux sont les adultes qui se présentent un jour dans nos cabinets effondrés parce qu'ils ont été quittés par celui ou celle qu'ils imaginaient à leurs côtés pour la vie. Cette douleur est à entendre dans la réalité de la rupture amoureuse, mais également dans l'écoute des histoires de séparation qui l'ont précédée. Comment a-t-on été aimé dans les premiers mois, comment a-t-on été regardé, comment a-t-on été vécu ? Il s'agit alors d'accueillir les larmes, les récits qu'elles racontent se superposant, se confondant. Dénudé, dépouillé, le Sujet qui pleure exprime la douloureuse chute qui semble sans fin. Tel un tsunami, la séparation conjugale peut tout emporter sur son passage, votre dignité, votre sécurité interne, votre estime de vous-même, au-delà même de la trahison d'avoir été quitté.

Il en est de même lorsque c'est votre travail qui vous lâche. Un plan social, un patron qui vous met au placard – il est souvent question de la faillite d'une parole qui n'a pas été tenue. Récemment, un homme engagé en politique m'a raconté comment, alors qu'on lui avait promis un poste haut placé et qu'il avait tout donné pour hisser au sommet l'homme qui devait l'emmener avec lui, il s'est vu rejeté après la victoire de son mentor. C'est un autre qui a eu la place tant convoitée.

L'*interchangeabilité des individus* est une douleur créée par notre modernité. C'est comme si nous étions tous devenus les mêmes. Tous identiques, nous pourrions tous *faire l'affaire*. Il s'agit avant tout de cocher des cases. Depuis quelques années, j'ai ce sentiment avec les sollicitations que je reçois pour participer à des conférences. Rarement contactée en amont du projet, je suis appelée une fois la salle réservée. C'est elle qui détermine la date. Si je ne suis pas disponible le jour dit, on m'invite à suggérer un autre nom. Cette personne n'aura peut-être ni mon expérience ni ma formation, mais ce n'est pas bien grave, *cela fera l'affaire*. C'est l'interchangeabilité à l'œuvre, et, quand elle se vit au sein du couple et de la famille, elle crée des ravages psychiques. La blessure est alors bien différente. Je songe à cet enfant qui posait « problème » à ses parents adoptifs, lesquels se sont tournés vers le service d'adoption pour savoir s'il était possible de lui trouver une autre famille afin qu'eux-mêmes puissent envisager un autre enfant de leur côté. Prendre, rendre, reprendre, dans une pure négation de la vie psychique : la requête avait fait l'effet d'une bombe dans ce service où chacun se demandait ce qu'il n'avait pas vu chez ce couple pour qu'on en arrive à une telle aberration. Il ne s'agissait pas de blâmer les parents déçus, mais de se demander ensemble : *que nous est-il arrivé pour que nous vivions ces situations ?* Nous avions le sentiment d'expérimenter un basculement dans nos repères sans vraiment réussir à les parler. Nous n'avions plus les mots, nous étions privés de notre pensée. La sidération avait pris notre corps et notre esprit en otages.

Si cette histoire d'adoption reste singulière, les naufrages individuels, eux, sont quotidiens dans nos cabinets de consultation et prennent des allures nouvelles. Ils traduisent une époque où les relations sont devenues consommables et, à l'image des objets et des biens, périssables. On peut en changer si l'on considère qu'elles ne procurent plus le plaisir voulu, qu'elles sont moins performantes, trop usées. Lorsqu'il est question d'objets, c'est moins choquant, bien sûr, même si l'obsolescence programmée est entrée dans notre vie et nous la pourrit tant nous sommes avides de changement. Dans les relations humaines et l'expression des sentiments, en revanche, la notion de consommation attaque directement ce qui les fondent, à savoir le temps. L'ajustement que toute relation appelle, la nécessaire adoption psychique, symbole de reconnaissance, est un mouvement temporel. Faute de respecter ce mouvement, nous mettons en danger nos liens, qu'ils soient conjugaux, familiaux, amicaux ou professionnels.

Et notre époque s'habitue aux douleurs de l'âme. Autour de nous, des personnes souffrent sans qu'on s'y arrête vraiment. Sourds et aveugles, nous avançons dans une forme de déni de ce phénomène de *désingularisation* qui nous évite tout embarras.

La faute à l'individualisme ? Sûrement. Alors que la première enfance est un *âge dilaté*, un temps de notre construction, un espace d'individuation qui s'inscrit dans une histoire où les liens passés et présents s'associent pour construire du futur, nous voyons se répandre un individualisme contagieux qui se nourrit du présent, ignore ce qui le précède et vit dans le repli sur soi. Alors que l'individuation se nourrit de ralentissements, l'individualisme est gourmand de vitesse. D'un côté un désir de construction basée sur le temps des liens, de l'autre un besoin de réussite personnelle oublieuse de ses pairs.

L'*individuation* est un sujet pour le psychanalyste soucieux du temps de construction dans lequel, dès le premier âge, le petit *Homo sapiens* ressent et commence à construire des liens de pensée grâce à ce corps traversé d'expériences sensibles. Cet intérêt est central dans un état de droit dont la responsabilité première est de créer les conditions d'émergence du Sujet. Faire du *souci de soi** un objet politique a donc été ma préoccupation première lorsque Françoise Nyssen, ministre de la Culture, m'a chargée en 2019 de rédiger un rapport sur l'éveil culturel et artistique des tout-petits. J'ai choisi de créer le concept de Santé Culturelle pour mettre en lumière ces mécanismes d'individuation et parler de la lutte à engager contre la *malnutrition culturelle* qui se répand dans notre pays d'opulence.

*. L'expression est empruntée à la philosophe Cynthia Fleury.

Un travail théorique qui s'est prolongé, trois ans plus tard, par l'écriture d'un plaidoyer pour mobiliser le plus grand nombre sur les questions de l'enfance associées à celles des crises que nous traversons*.

Au cœur de toutes ces initiatives s'affirme la nécessité de lutter contre la disparition de notre construction démocratique. Durant ces temps d'écriture théorique, de nombreuses associations culturelles historiques issues de l'éducation populaire m'ont guidée. Mais ce sont aussi les auteurs, les intellectuels, qui partout tentent de poser un « dire » sur ce que nous vivons, partageons en ce siècle. La pensée est précieuse en ces temps troublés. N'anesthésions pas notre capacité à créer de la pensée. Restons acteurs des problèmes qui nous sont posés.

Quand je pense à Achille, à Yvon et à tous leurs pairs, je ressens profondément cette responsabilité de leur donner les moyens d'écrire un jour à leur tour ce qu'ils vivent. Pour qu'ils puissent appartenir à un monde de citoyens qui sait préserver ses capacités à

*. Sophie Marinopoulos, « Quels enfants laisserons-nous à la planète ? », écrit à la demande du journaliste et auteur Éric de Kermel, directeur du journal *Terre sauvage*. Éric de Kermel anime le Club Terre sauvage, un club d'entrepreneurs engagés sur les questions environnementales qui porte ce plaidoyer. Celui-ci a été présenté pour la première fois au festival « Au bonheur des mômes » au Grand-Bornand en 2021.

délibérer. Pour qu'ils puissent toujours éprouver que les mots sont une richesse, une force qui combat la violence, la fait reculer. Mon engagement en faveur de l'art et de la culture pour les bébés est parfois mal compris, voire moqué, comme si cela se résumait à occuper les bébés à travers une approche réservée aux nantis. Or ce qu'il s'agit d'affirmer, c'est que cet éveil répond aux besoins premiers de notre espèce pour animer l'imagination, l'envie, la créativité et l'audace, dans un souci de transformation personnelle et sociale du Sujet humain.

Le parent artisan ou la transmission du goût de l'Autre

Quand on est un bébé, on a besoin de parents, et, justement, dès la naissance, ceux-ci se tournent exclusivement vers les soins à leur nouveau-né. C'est un véritable travail qui les mobilise en profondeur, puisqu'il s'agit de convoquer sa propre expérience de nourrisson. Ils vivent ainsi ensemble un état de dépendance et de vulnérabilité. C'est toujours touchant et subjuguant de voir un parent se pencher sur son enfant, lui donner toute sa force, à la fois physique et psychique, pour que ce corps si léger mais si lourd du poids de sa dépendance ne tombe pas. Un tout juste né de 3 kilos vaut bien un quintal en responsabilité. C'est ce poids-là qui fait d'ailleurs blêmir le parent, qui le fait hésiter et se dire qu'il ne va pas y arriver. Rien de plus difficile que de prendre dans ses bras un nouveau-né et de trouver le juste geste qui apporte confort, sécurité, affection.

Porter un bébé, c'est y mettre non seulement du corps, mais de la pensée capable de s'identifier, c'est-à-dire capable d'empathie et de disponibilité. En prenant soin de leur enfant, les parents se mettent dans une pensée exclusive qui vient protéger la continuité d'existence du nourrisson, autrement dit l'ensemble des processus en jeu dans les premiers temps de sa vie. «Ainsi, la qualité principale du parent est de connaître les besoins de son enfant au moyen de son identification avec lui. C'est ce qui lui permet de ne pas se lancer dans la liste de ce qu'il doit faire pour lui, puisqu'il "sent, ressent" au moment même ce dont il a besoin. Il en est de même pour les personnes à qui est confié l'enfant. Si l'identification à l'enfant est moindre que celle des parents, elle a pour autant, par sa connaissance de l'enfant, une capacité à comprendre ce dont l'enfant a besoin*.»

L'observation fine des premières relations parent-enfant a mis en évidence le travail d'équipe dans

*. D.W. Winnicott, *Processus de maturation chez l'enfant. Développement affectif et environnement*, Payot 1970.

lequel ils sont engagés. Ils vont relever des défis ensemble, parmi lesquels la nécessité de se différencier, ce qui n'est pas le plus aisé. Mettre en œuvre une juste distance psychique qui va créer l'intersubjectivité dans le partage, voilà un vrai chantier pour cette *team* qui apprend à faire ensemble. Mais c'est un essentiel auquel ils ne peuvent pas échapper pour se sentir exister de manière distincte et reconnaître que moi et l'autre, c'est différent. C'est un lent processus que le bébé va expérimenter à travers le lien à l'adulte dans un attachement dit *secure*. Par le biais d'expériences relationnelles renouvelées et fiables, il réalise l'écart qui existe entre lui et l'adulte avec lequel il relationne. Cet écart, c'est l'intersubjectivité. Les liens d'amour émergent de l'intersubjectivité, qui crée une manière d'être ensemble en accordant à l'autre qu'il est autre. Se sentir, se ressentir en vie avant de se savoir vivant, différent et acteur de la relation, est le cheminement psychique de toute naissance du sujet.

Les liens primitifs préverbaux des parents avec leur bébé passionnent la psychologie du développement précoce depuis plus d'un demi-siècle. Que ce soit l'attachement, l'accordage affectif de Daniel Stern, l'empathie ou le dialogue tonique d'Henri Wallon, tout nous conduit à observer la construction du lien dans une juste distance indispensable à l'émergence de soi. D'ailleurs, les processus de régulation intersubjective sont présents dans toutes les espèces animales sociales qui dépendent d'un soin parental attentif au début de leur existence.

La conscience narrative du bébé humain, son engagement qui mobilise entièrement sa pensée se jouent dans ces liens précoces, dans ces rencontres affectives qui ne cessent d'être étudiées. Le bébé, par son regard immédiat envers son parent, traduit son désir de participer à la relation par mimétisme. Celle-ci est d'abord corporelle, émotionnelle, gestuelle, puis le bébé acteur de la relation va évoluer vers le langage. Il y a une conscience individuelle et intentionnelle dans la subjectivité de la rencontre, et le bébé se montre assez rapidement capable de créer des liens entre les objets, les situations et lui-même. Si surprenant que cela paraisse, à seulement quelques mois il est en mesure de réaliser que son intentionnalité a des effets, ce qui met en évidence sa propre subjectivité, une forme intelligible de ce qu'il vit. Le voir communiquer, ajuster sa subjectivité à celle d'un autre que lui, nous offre d'assister à la naissance de l'intersubjectivité.

Le parent artisan s'impose exactement à ce moment, quand le corps qui s'engage doit tenter d'être juste là où il faut pour cet enfant singulier. La manière dont le parent agit n'est jamais pleinement déterminée ; si tel était le cas, il ne serait pas en mesure d'entrer en relation, de donner à l'enfant le juste geste attendu. Si je parle d'*expériences* parentales, et non de *compétences*, comme le fait le ministère de la Solidarité, c'est pour rappeler la force créative du parent, son écoute spécifique, unique, adressée à son enfant.

Le risque est réel que les politiques publiques actuelles norment, et donc prolétarisent*, les parents. Cela reviendrait à supprimer la « touch » parentale dans la fonction d'ajustement. Chaque situation avec un enfant donné appelle une relation unique. Rien ne peut être standardisé. Quand un bébé pleure, on ne peut pas livrer de solution toute faite à son parent. Conseiller, comme le font certains coachs, de « le laisser pleurer » ou au contraire de « ne jamais le laisser pleurer » équivaut à une maltraitance caractérisée qui attaque le parent dans sa construction singulière. Le pleur d'un enfant provoque chez son parent une émotion qui est à entendre. C'est la rencontre de ces émotions partagées qui est à recueillir et à comprendre. Toute relation s'éprouve, se vit, se partage et s'ajuste au fil du temps et de la situation, raison pour laquelle il n'existe pas de recette.

Cette part inattendue dans l'attendu de l'enfant, qui rend impossible de prédire ce qui va se passer, n'est pas très confortable. De tout temps l'enfant est né accompagné de ce mystère, mais notre XXIe siècle

*. Pour utiliser le terme de Hannah Arendt.

avide de tout maîtriser le supporte mal. Se dire que quand l'enfant vient au monde l'aventure commence et que rien ne peut se programmer suscite une certaine panique chez les acteurs politiques chargés de la famille.

Il est vrai que, si le géniteur est directement défini par son identité génétique, ce n'est pas le cas du parent, mère ou père. La construction, le mouvement que nous avons appelé des *capacités d'ajustement* va devoir s'exprimer pour que la rencontre opère. Quel que soit l'héritage génétique, il s'inscrit dans un présent, un milieu qui en influence et modifie le spectre. David Abram l'explique magnifiquement en prenant exemple sur les araignées qui tissent leur toile: « Certes, l'araignée a reçu un riche héritage génétique de ses parents et de ses prédécesseurs, mais quelles que soient les "instructions" repliées dans le génome vivant, celles-ci ne peuvent guère prédire les spécificités du micro-terrain dans lequel l'araignée peut se trouver à un moment donné. Elles ne peuvent avoir déterminé par avance la distance exacte entre la paroi de la grotte et la branche que l'araignée utilise à l'instant comme point d'ancrage pour la toile qu'elle entreprend, pas plus que la force exacte de la pluie de mousson qui rend ce soir le tissage un peu plus difficile. Et donc le génome ne peut pas avoir commandé de façon explicite l'ordre de chaque flexion et de chaque extension de ses différentes pattes alors qu'elle tisse sa toile à cet endroit. Quelle que soit la complexité des "programmes" hérités, des structures ou des prédispositions, tout cela doit encore être adapté à la situation immédiate que rencontre l'araignée. Aussi déterminé que soit un héritage génétique, il doit encore, si l'on peut dire, s'entrelacer au présent – ce qui implique nécessairement une réceptivité aux formes et textures spécifiques de ce présent, ainsi que l'ajustement spontané et créatif de soi-même (et de son héritage) aux alentours*. »

Quand la culture du lien sensoriel et émotionnel ne tient pas parole

Il arrive que le bébé soit incompris dans ses besoins. Il est nourri alors qu'il n'a pas faim, il est dérangé dans son sommeil ou secoué pour jouer alors qu'il est en phase de repos. Face à ces dysharmonies relationnelles, il se défend en refusant les relations. Comme il n'a pas de moyen physique d'échapper aux relations qui l'agressent, il les fuit par un choix coûteux qui revient à anesthésier ses ressentis. Il annule, enferme ses sensations, créant des défenses coûteuses contre des vécus mortifères. Il perçoit l'événement sans

*. David Abram, *Comment la terre s'est tue, op. cit.*, p. 76.

savoir ce qu'il perçoit. La défense n'est plus dans le refoulement, qui reconnaît la réalité, mais dans le déni, qui l'annule.

Quand un bébé est dans le déni des sensations de son propre corps, il empêche toute formation d'images, puisqu'il n'est plus « touché » dans son corps. Il s'ensuit une béance mentale, un blanc, là où il devrait y avoir une représentation. Cela passe inaperçu : nous nous trouvons face à un bébé qui grandit physiologiquement, mais qui répond sur un mode émotionnel très passif aux soins qui lui sont donnés – soins qui, dans ces cas de figure, sont dispensés par une mère elle-même fortement absente de sa propre vie affective. Cet empêchement de la représentation – cette défense – est donc appelé « déni ». Le bébé, dans le déni de son corps, ne ressent plus rien. Il est comme gelé affectivement.

Ce qui va vous paraître étrange, c'est que ce bébé va vivre à son insu une faille dans sa construction, tout en se laissant un tout petit espace de croissance. La croissance intérieure est à l'agonie pendant que l'enfant grandit physiquement *comme si de rien n'était.* L'enfant porte alors ce vide et donne des signes de désaffectivation dans la relation. L'entourage, au lieu d'imaginer une souffrance interne, le décrira comme discret, peu expressif, gentil, dans le déni d'un mort psychique qui ne dit pas son nom. Ces petites agonies psychiques ignorées permettent aux proches de ne pas s'en encombrer.

Les professionnels de l'enfance connaissent bien ces mécanismes de déni qui permettent à chacun de vivre sans interroger de quoi est faite sa propre dynamique psychique. C'est une forme d'« économie psychique » qui joue son rôle de protection.

La part estropiée du moi enfantin grandissant coexiste avec une autre part plus adaptée et donnant le change dans la vie réelle. Le trouble invisible est bien là, localement présent, créant des défenses psychiques coûteuses, puisqu'elles nient la réalité afin de ne pas provoquer de souffrances.

Dans les années 1960, Jenny Aubry, psychiatre et psychanalyste à la fondation Parent-de-Rosan, a révélé les effets sur la santé relationnelle d'une privation précoce de soins physiques et psychiques adaptés. Ses observations, toujours d'actualité, témoignent qu'un enfant ne peut pas faire face à un excès de stimulations désorganisatrices. Son psychisme est trop immature. Son *appareil à penser* ne peut pas recevoir et incorporer l'afflux de soins inadaptés, comme la maltraitance, l'oubli, l'abus, l'intrusion. C'est donc pour moins souffrir que le bébé va s'exclure de toute émotion.

Plus récemment, Maurice Berger et Emmanuelle Bonneville ont forgé l'expression « traumatisme relationnel précoce* ». Ils expliquent que plus le traumatisme est précoce, plus il est profond. Quand le traumatisme est précoce, l'enfant ne peut pas en situer l'origine. Il finit alors par se sentir coupable des comportements inadaptés de ses parents (culpabilité primaire). Cela entraîne une sidération de la pensée, une sorte d'arrêt sur image. Son angoisse vis-à-vis de ses parents, qu'il n'arrive pas à comprendre, est bien là, mais, dans une forme de syndrome de Stockholm, il cherche malgré tout leur réconfort. Privé d'adultes capables de s'identifier à lui, cet enfant fragilisé vit seul l'angoisse et la terreur qu'il éprouve face au vide relationnel. Pour survivre et se sentir exister, il peut par ailleurs provoquer activement la situation traumatique. C'est la raison pour laquelle on dit que l'enfant subit un multi-clivage de son psychisme : une partie de lui s'identifie à l'agresseur, une autre est terrorisée, une autre encore nie la situation et idéalise ce qu'il vit. Cet enfant erre dans des sensations corporelles qui ne prennent pas sens – des sortes d'images à l'état brut, sans capacité de penser, sans capacité de métaboliser.

*. Maurice Berger et Emmanuelle Bonneville, « Pathologie des traumatismes relationnels précoces et placement familial spécialisé », *in* Hana Rottman et Pascal Richard (dir.), *Se construire quand même. L'accueil familial : un soin psychique*, Paris, PUF, 2009, p. 227-242.

De l'enfant carencé à l'homme moderne : quand la parole ne tient pas, le moi s'atrophie

Dans la vie de tous les jours, j'observe la façon dont notre société cultive cette croissance hors affect. Elle favorise le développement d'individus qui traversent leur existence dans le déni de leurs besoins émotionnels et dans l'ignorance de l'environnement où ils évoluent. Le sociologue américain Christopher Lasch parle d'une culture du narcissisme. Elle fait du progrès un culte de la consommation que Lasch dénonce. L'individu, pour devenir tout-puissant, doit s'émanciper des liens de dépendance qui corsètent ces desiderata individuels. Le problème, selon Lasch, « c'est que, loin de construire une société idéale et d'émanciper qui que ce soit, le progressisme triomphant a conduit l'homme à la banqueroute émotionnelle. Le Narcisse est né. Un être servile, sans surmoi, dépendant du marché et biberonné à la consommation* ».

Dans son dialogue avec Cornelius Castoriadis, Christopher Lasch analyse la façon dont ces individus, après la Seconde Guerre mondiale, en rentrant dans une société de consommation, sont devenus

*. Ronan Planchon, « Christopher Lasch, pourfendeur des élites, populiste, et fier de l'être », FigaroVox, 3 juin 2022.

au fil des ans « otages d'un monde hallucinatoire sans réalité ni objets, mais dopés par le marketing et les simulacres qui les privent de modèles auxquels s'identifier* ». À l'image des enfants oubliés dans leurs besoins d'humanisation, cette humanisation qui forme l'individuation, leur moi devient vide, ils perdent le sens d'eux-mêmes.

L'expression « banqueroute émotionnelle » décrit parfaitement bien ce processus d'enracinement des troubles relationnels, des incivilités, et la manière dont la ruine de nos affects, que nous ne réceptionnons plus, à l'image de l'enfant carencé, produit un humain sans âme, sorte de zombie consommateur qui suit le fil de son désir, ignorant le monde qui l'entoure.

Carence et modernité produisent donc les mêmes effets. Le psychologue canadien Michel Lemay a développé la notion de « carence dorée », qui sévit dans les quartiers aisés**. Si les enfants possèdent des jouets à profusion, leur existence se caractérise par une absence abyssale de présence affective. L'espace du « trop » est alors évoqué comme un manque. *Trop manquer* ou *trop avoir* génère les mêmes carences.

*. Christopher Lasch et Cornelius Castoriadis, *La Culture de l'égoïsme*, Climats, 2012.

**. Michel Lemay, *J'ai mal à ma mère* [1979], Paris, Fleurus, 1993.

Michel Lemay rejoint ainsi le concept du « moi minimal » introduit par Christopher Lasch, un moi dépossédé de tout lien. Dans la vie de ces enfants, humainement atrophiée, la présence est remplacée par la technologie et les écrans. Les liens disparaissent au profit des biens, considérés comme une nourriture suffisante.

Est-ce que l'écran est un parent comme les autres ?

L'écran ne laisse personne indifférent. Lors des consultations, il est bien rare qu'il ne s'invite pas, jouant de son attrait comme objet pédagogique qui fait grandir les enfants ou objet diabolique qui les débilise.

Michel Desmurget alerte sur l'impossible construction de l'humain au seul moyen des écrans et dans son dernier ouvrage* il encourage la lecture dès le plus jeune âge, comme alliée du développement des enfants. Lors de mes rendez-vous, j'observe que, très tôt, l'écran entre dans la vie de nos nourrissons pour les occuper, les calmer et parfois les rendre silencieux. En consultation, lorsque les parents viennent avec un enfant de moins de un an, dès qu'ils le posent au sol il se dirige vers le sac de sa mère et cherche fébrilement

*. *Faites les lire ! pour en finir avec le crétin digital*, Seuil, 2023.

l'objet téléphone. Les parents le disent passionné par l'écran, alors que je vois surtout un jeune enfant qui cherche à posséder l'objet préféré de sa mère, celui qu'elle investit le plus, son doudou de grand, son téléphone.

Les chiffres sont sans appel : c'est plus de deux cents fois par jour que nous regardons notre téléphone. Toutes les raisons sont bonnes : voir si nous avons suffisamment marché aujourd'hui, si notre rythme cardiaque est satisfaisant, si nous avons reçu un appel, si une information essentielle est tombée, si une photo nous a été envoyée, quel temps il fait... En se rendant indispensable, il fait de nous des consommateurs fidèles et consentants. Nous sommes devenus nomophobiques*, angoissés à l'idée d'en être séparés. « Je viens de perdre six mois de ma vie », me dit un collègue qui vient de perdre son téléphone. L'idée de la perte provoque chez certains des crises d'angoisse allant jusqu'à la phobie de ne plus être connecté.

Si nous faisons la synthèse des nombreux écrits scientifiques, des publications de Santé Publique France, des alertes de l'INSEE et des multiples recherches, nous pouvons rappeler que dès l'école

*. De l'anglais *no mobile phone phobia*, « phobie de l'absence de téléphone ».

maternelle, les enfants consomment déjà trois heures d'écran par jour; en primaire, leur consommation passe à cinq heures. Les adolescents dépassent les sept heures par jour, dans leur écrasante majorité pour un usage de divertissement. Au final, nous voyons de jeunes écoliers d'âge primaire passer treize fois plus de temps sur les écrans en usage de divertissement qu'en apprentissage à l'école.

Récemment, à l'occasion de l'inauguration d'un défi d'une semaine sans écran, le directeur de l'école d'Uzès* nous a confié les difficultés des enfants dans leurs relations entre pairs. Ils s'évitent, se regardent peu, ne se parlent pas. Il sent que la relation sociale leur est difficile, voire douloureuse. Le philosophe Byung-Chul Han nous a avertis : la communication numérique est pauvre en regards. Il note que, quand on se parle sur Skype par exemple, les regards ne peuvent jamais se croiser, notamment parce que, « quand on se concentre sur les yeux du visage qui apparaît à l'écran, l'interlocuteur a l'impression que l'on regarde légèrement vers le bas, puisque la caméra est installée sur le bord supérieur de l'écran de l'ordinateur [...]. Cette non-rencontre trahit l'absence fondamentale du regard, l'évanouissement de l'Autre. Le numérique nous éloigne toujours plus de

*. Ecole du Pas du Loup, dont le directeur est M. Go.

l'Autre* ». Quand je discute avec des enfants de primaire, beaucoup se plaignent que leurs copains ne les regardent pas dans la cour – « Ils me calculent pas », me dit Ninon. Estelle, elle, me confie que « c'est trop difficile de regarder ses copains à l'école. Je préfère leur parler au téléphone après l'école ». Estelle présente en effet dans les relations avec ses pairs un certain nombre de difficultés qui ont alerté son institutrice. *Elle ne rentre pas en relation.* Pour Byung-Chul Han, cela n'est pas rapport avec nos écrans, puisque, explique-t-il, pianoter sur un écran tactile met en jeu un mouvement qui entraîne une modification de notre rapport à autrui. Il analyse cette crise sociale comme indissolublement liée au numérique et s'inquiète : « L'exercice, voire l'existence même de la démocratie sont bouleversés à l'heure où la société est réduite à l'état de nuée volatile d'individus connectés**. »

La fausse altérité que propose l'écran crée le leurre d'une socialisation qui n'est pas socialisante. On parle de réseaux *sociaux*, d'*amis*, ignorant que la suppression des distances spatiales s'accompagne d'une érosion des distances mentales. L'écran est une technique de séparation et d'isolation ; en aucun

*. Byung-Chul Han, *Dans la nuée. Réflexions sur le numérique*, Arles, Actes Sud, 2015.

**. *Ibid.*

cas il ne crée de relations. Ce média pulsionnel favorise l'expression instantanée, et l'on voit de plus en plus d'adolescents venir en consultation paniqués après s'être laissés aller à une forme d'exhibition, postant par exemple des photos qui les exposent et qui ensuite circulent sur la toile sans qu'ils puissent jamais les en retirer.

Les réseaux sociaux qui captivent nos jeunes et finissent par les priver de liberté sans qu'ils en aient conscience donnent corps au moi minimal de Christopher Lasch et posent en effet la question de notre devenir. Constamment connectés, nos plus jeunes ne savent plus faire ensemble ; ils redoutent la vie en collectivité. Mais ils ne sont pas les seuls : le repli sur soi gagne le monde des adultes, qui ont de plus en plus tendance à confier l'exercice de leur parentalité au numérique. Quand l'écran n'est pas baby-sitter, il est soutien scolaire et donne l'illusion que la famille continue à bien se porter.

Or l'écran n'est pas un parent comme les autres. Son principal défaut est qu'*il ne tient pas parole.* Pour preuve, il ne sait pas s'effacer, comme peut le faire le parent *suffisamment bon,* ce parent winnicottien qui sait que, pour réussir dans sa tâche, il doit s'effacer au profit du grandir de l'enfant. Il doit savoir ne pas faire à la place de l'enfant, mais bien l'amener petit à petit à ces renoncements successifs, l'accompagner au plus près pour qu'il perçoive la réalité dans laquelle il vit. L'écran non seulement ne s'efface pas, mais s'impose par une omniprésence qui ne conduit jamais l'enfant à l'autonomie. Si le rôle du parent est bien dans le sevrage de la dépendance à son égard, nous assistons à une montée de la dépendance de nos enfants aux écrans.

L'écran se conduit comme un parent narcissique qui se pense tout-puissant et qui condamne son enfant à être dans un manque de lui dès qu'il tente d'être indépendant. C'est cela, l'emprise, cette possession de l'autre, un attachement pathologique qui transforme le sujet en objet. Nos enfants mis dans la posture d'être objets de leur écran perdent toute autonomie, tout esprit critique, et leur capacité de penser est affaiblie. En participant à la formation de ce moi minimal, le numérique attaque le Sujet, le fragilise, l'isole, et par ricochet attaque les fondements mêmes de notre démocratie.

L'écran n'est pas un ami qui nous veut du bien.

Conseils de l'enfant à un dirigeant
On dirait que…

• Tu sais que le temps de l'individuation est central dans un état de droit.

• Tu te rappelles que l'individualisme fragilise la construction individuelle et collective.

• Tu reconnais qu'être parent, c'est transmettre le goût de l'autre.

• Tu organiseras le soutien des parents dans un souci de lutte contre toute inégalité sociale de santé.

• Tu chériras les professions du lien et tu leur donneras les moyens d'exercer dignement.

• Tu lutteras contre la modernité qui atrophie la construction du Sujet.

• Tu auras toujours à l'esprit que l'écran n'est pas un parent comme les autres.

• Tu prendras en compte la Santé Culturelle pour toute politique de santé.

CHAPITRE VI

Ralentir, c'est vivre

Courir après le temps

Elle est entrée avec précipitation dans notre cuisine, traînant derrière elle deux jeunes enfants. Je lui souhaite la bienvenue, je me présente.

« Vous êtes déjà venue ?

– Non, jamais, mais une amie m'a dit de passer vous voir, alors cette fois je me suis arrêtée. Je n'ai pas beaucoup de temps, en plus. Je passe tous les jours devant chez vous, mais j'avais pensé que ça finirait par aller mieux avec ces deux-là. »

Elle tourne la tête à gauche, le menton en avant, et désigne un coin vide de notre couloir.

« Où sont-ils encore passés ? Voilà ce que je vis sans arrêt. Je leur cours après, ils ne m'écoutent pas. J'en peux plus, je vais finir par les laisser quelque part.

– Ne vous inquiétez pas, ils sont partis jouer. Je vous montre : nous avons trois pièces, dont celle-ci, où vous voyez qu'ils ont l'air d'avoir trouvé leur bonheur. »

Les deux enfants de sans doute 3 et 5 ans sont assis au sol, l'un avec un livre, l'autre près de la maison de poupées. Difficile de voir en eux des enfants incontrôlables, mais l'énervement de leur mère ne fait aucun doute : ça va mal.

« Je vous propose que nous allions dans la cuisine, où mon collègue nous attend. Vous êtes la première, mais sur chaque accueil les parents peuvent arriver comme vous, quand ils veulent. Installez-vous tranquillement, on a toute la matinée devant nous. Thé ? Café ? »

Elle s'est déjà levée pour aller voir ce qu'ils font. J'entends alors, venant de la pièce des enfants : « Thé, merci ! » Je fais signe à mon collègue que je vais la rejoindre. Elle se tient debout dans l'embrasure de la porte. « Niels, tiens-toi correctement, enlève les doigts de ton nez. » La phrase traverse la pièce et touche juste. Niels, sans la regarder, enlève les doigts de son nez pendant que le regard de sa petite sœur Sabine va de la bouche de sa mère au nez de son frère, mesurant les effets de la phrase-mitraillette maternelle.

Je reprends la parole : « Je vous propose qu'on aille discuter dans la cuisine, et les enfants, si vous avez besoin de quoi que ce soit, vous nous rejoignez ? »

Pas de réponse.

« La dame vous parle, vous avez entendu ? Alors, qu'est-ce qu'on dit ? »

Un « Oui, madame » docile se fait entendre.

« Ah, quand même, c'est pas rien ! C'est pas faute de leur avoir répété. »

En 1999, j'ai décidé d'ouvrir ce lieu, cette cuisine, pour m'y installer définitivement, délaissant mon bureau devenu trop étroit. Ce n'étaient pas tant les murs qui me donnaient ce sentiment d'exiguïté que les normes, qui ne cessaient de rétrécir mon espace de travail et, avec lui, ma capacité à penser.

En créant cette structure associative, je voulais avant tout préserver mes échanges avec les parents. Avoir un espace psychique totalement disponible, c'est-à-dire à l'abri de toutes les injonctions économiques qui m'imposaient de chronométrer mon temps, décidaient de la façon dont je devais recevoir ces familles, avec un seul objectif : faire vite pour être rentable. Ces interférences s'invitaient dans mes consultations et perturbaient le rythme même du soin psychique.

Je voulais rester moi-même et donner à mon écoute l'espace dont elle avait besoin, celui du temps. Le message aux parents était clair : vous n'êtes pas seuls dans cette aventure, ne baissez pas les bras. Le doute, les questions, les tensions participent de la vie de famille. Inutile de se mentir en s'imaginant que chez les voisins cela se passe mieux et qu'autrefois les parents se posaient moins de questions. Être parent a toujours été une construction fragile, car le bébé est d'emblée un arrivant aussi attendu qu'inattendu.

Le nouveau-né, tout désiré qu'il soit, advient toujours tel un étranger à adopter. Nous pouvons parler de décalage entre ce bébé attendu, tant rêvé, et celui qui arrive, différent. Un écart qui n'est pas sans conséquences : pour supporter ce décalage entre l'imaginaire et le réel, les parents tout juste nés sont obligés de déployer des capacités hospitalières. À tant glorifier la maternité heureuse, on passe sous silence ces petits moments déstabilisants – la déception face au sexe de l'enfant, ses traits si différents de ceux de la famille, sa naissance trop précipitée. La déception, c'est-à-dire ce premier regard qui n'arrive pas encore à se réjouir, est devenue tabou. Je ne parle pas des déceptions liées à un problème de santé ou à un handicap de l'enfant, qui sont des situations comprises et acceptées, mais celles qui paraissent superficielles à tous ceux qui regardent la naissance de la famille à distance.

En fait, rien n'est superficiel ni secondaire quand on s'engage dans la grande aventure du devenir parent. L'amour que fait naître l'arrivée de l'enfant n'est pas toujours un déclic immédiat. Il peut aussi demander du temps, se construire au rythme d'un apprivoisement mutuel. L'amour, c'est le déploiement de ces temps de reconnaissance où se joue la transformation de l'étrangeté en familier. C'est ce qui se parle au-dessus du berceau quand l'enfant à peine né entend la quête des ressemblances. « Tu ne trouves pas qu'il a mon nez ? Mais il a tes yeux et ceux de ta famille. » On se met d'accord, on partage le visage de l'enfant, on se répartit les héritages. Quoi de plus tendre et de plus banal à la fois ?

Lorsque les enfants sont plus grands, ce sont leurs comportements, leurs émotions, qui peuvent troubler les parents. « Je me demande de qui il tient… » : cette phrase témoigne du besoin de se reconnaître d'une manière ou d'une autre dans cet enfant. Nous l'entendons souvent non pas comme un rejet de l'enfant, mais comme une incompréhension qui perturbe les mouvements de reconnaissance.

Lors d'une de mes consultations, une mère s'inquiète du comportement de son fils, toujours excité. C'est un comportement qui l'excède et qui est loin de ce qu'elle avait imaginé. En lieu et place d'un diagnostic, je lui dis simplement : « Les chiens ne font pas des chats. » C'est une référence aux attentes de la mère à l'endroit de son fils, alors excessives. Chez cette mère adoptive qui n'avait pas pour habitude d'entendre une observation réservée aux filiations biologiques, l'expression a fait mouche. L'effet électrochoc de ce « dire » lui a permis d'aborder ses inquiétudes face aux origines inconnues de son fils, qui occupaient toute sa fantasmatique. Le fait d'être reconnue dans sa maternité a eu un effet d'apaisement immédiat. La recherche des origines des enfants adoptés passe sous silence celle des parents adoptifs. La recherche des origines, que ce soit pour l'enfant ou pour ses parents, est un retour sur soi. Elle interroge ce « qui je suis ? », et il n'est pas question ici d'éléments de réalité, d'identifiants concrets, mais bien d'identité.

Cette mère ignorante des éléments de naissance de son enfant, et qui pensait donc ne pas le connaître, s'est risquée sur le chemin de ses angoisses. La naissance de cet enfant, dont elle ne savait « rien », obstruait sa pensée. Elle finissait par s'oublier, par oublier sa place de mère. L'adage a agi comme une révélation, suscitant les prémisses d'une nouvelle naissance maternelle. Après avoir été troublée par ce qu'elle vivait comme une différence de son fils, elle a commencé à prêter attention à cette similitude. Il y avait bien un air de famille.

À l'époque de la création de cette cuisine solidaire, je me partageais entre un service hospitalier de maternité et un centre médico-psycho-pédagogique (CMPP). Dans ce centre, les enfants n'étaient reçus que lorsqu'un professionnel ou les parents eux-mêmes observaient un comportement différent. Les listes d'attente ont commencé à s'allonger dès les années 2000. Pour être reçu, il fallait être patient : six, sept, voire dix mois avant d'obtenir un premier rendez-vous. Six mois avec un bébé hurleur, dix mois avec un adolescent violent, cela peut transformer la tension initiale en une véritable crise familiale, et les premiers signes de mal-être en symptômes installés. L'absence de réponse attaque la santé psychique de l'enfant et de ses parents, altère l'atmosphère familiale, violente les liens.

Refuser pour exister

Les Pâtes au beurre sont nées par suite de mon refus de me soumettre à un système de santé qui, au nom d'impératifs économiques, aggravait la santé de chacun. Très vite, j'ai ressenti un malaise dans mon « être » professionnel tant le contrôle social conspirait à dominer mon expérience et à la réduire à des comportements standardisés. Mes collègues, sans doute plus souples, ne comprenaient pas mes doutes. Je m'isolais, broyais du noir, étais sans cesse sur mes gardes. Je ne me suis pas adaptée. Pour autant, je n'ai pas baissé les bras ; j'avais choisi le métier idéal à mes yeux.

En moins de dix ans, sous l'effet de ces logiques administrativo-financières qui nous frappaient comme des missiles, nous étions passés d'un lieu prospère, parfaitement géré par des directeurs humanistes, où les délais d'attente étaient de moins d'un mois, à un service dépossédé de ses finances, de son autonomie, de son expérience. Une destruction éclair qui donne le tournis et me laisse encore aujourd'hui un goût amer. Jamais je n'oublierai l'arrivée du premier manager. Sollicité pour venir mettre de l'ordre, il a été un petit soldat docile. Il a su oublier les patients et les soignants et répondre à la seule commande qui lui avait été donnée : mettre au pas une institution qui tournait en dehors de tout contrôle. La prolétarisation de nos postes a commencé avec la mise en place de ses règles, qui attaquaient le soin lui-même. Le soin n'était pas son sujet. J'ai démissionné dans la douleur tant j'aimais mon travail, mes patients. J'ai renoncé à exercer dans ces lieux, mais à aucun moment mon désir de soigner ne m'a quittée.

Mon parcours a été émaillé de doutes, de regrets parfois, mais construire un espace de résistance à l'intérieur même d'une société à propos de laquelle Michel Foucault avait parlé d'« orthopédie sociale » a été une étape importante dans ma vie professionnelle. Je ne pouvais pas changer le monde, mais je pouvais changer le mien, avec l'infime espoir que cela aurait quelques effets. Cette nouvelle liberté a décuplé ma disponibilité aux autres. Étant moins occupée à résister à des injonctions aussi inutiles qu'aberrantes, je me suis apaisée et ma colère a peu à peu disparu. Car ce sont bien les injonctions paradoxales qui nous font disjoncter, donnant une forme de légitimité à la colère.

Un triptyque hospitalier

Des collègues psychologues, psychiatres, psychomotriciens, psychanalystes, m'ont rejointe dans ma cuisine. Nous avons renoncé au modèle de consultation que nous connaissions. Finis le bureau protecteur, les rendez-vous fixes qui scandent le temps, les patients connus avec lesquels on construit un soin régulier.

Dorénavant, c'est à deux que nous accueillons les familles, au rythme de leur arrivée. Elles se présentent spontanément, seules ou à plusieurs, accompagnées ou pas de leurs enfants, de leurs adolescents. Qu'elles attendent un enfant ou qu'elles espèrent sa venue, qu'importe : ce lieu est le leur. Elles l'occupent entre silences et confidences, écoute active et distraction, logorrhées, larmes, chuchotements, chaque accueil ayant sa propre atmosphère unique. Nous écoutons, questionnons, construisons des liens entre ces récits familiaux. Tous rappellent qu'être parent, c'est se questionner.

Dans ce lieu atypique, l'espace est notre allié. Je l'ai su dès que j'ai imaginé un ailleurs pour accompagner les parents. Quitter l'esprit de la consultation, c'était oublier le bureau. Il me fallait des pièces, mais surtout des seuils, des espaces à franchir – des *kekkais*, diraient les Japonais pour parler de cette limite qui délimite. Le *kekkai* désigne l'espace que l'on quitte et celui auquel on accède. J'avais envie de travailler avec lui, de penser les franchissements. Dans ma vie d'enfant, les seuils ont été mes espaces amis. Je passais le seuil de notre maison portée par une voix intérieure qui me rappelait que je n'avais pas le droit de m'arrêter, qu'il fallait respecter ce lieu qui appartenait aux patients de mon père. Je prenais alors une grande inspiration et n'expirais qu'après avoir franchi, soulagée, un deuxième seuil qui me faisait pénétrer dans la partie familiale. Dans ce large couloir familier, je m'asseyais sur la deuxième marche de l'escalier, derrière une porte vitrée. J'écoutais le silence des patients qui entraient et sortaient. J'étais bien dans cet espace intermédiaire, contenue « dans cette aire de compromis à laquelle on ne demande rien d'autre que d'exister en tant que lieu de repos pour l'individu engagé dans cette tâche humaine interminable qui consiste à maintenir à la fois séparées et reliées l'une à l'autre réalité intérieure et réalité extérieure* ». C'était mon

*. Donald W. Winnicott, « Objets transitionnels et phénomènes transitionnels », *op. cit.*

espace transitionnel ; c'était l'utilisation que j'en faisais qui lui donnait cette qualité. L'enfant est ainsi, c'est lui qui décide de ce qui est transitionnel et de ce qui ne l'est pas.

J'ai constaté que, d'une manière générale, les enfants aiment les seuils. Parfois ils s'y installent, se montrent, et leur apparition se tient tout près de leur disparition. La disparition comme autre mot de l'apparition. Les enfants jouent à apparaître et disparaître, faisant de leur mouvement corporel un espace symbolique. Avec cet être qui est là ou pas, avec ce dedans-dehors, ils nous sollicitent. C'est ainsi qu'est conçu notre lieu, multipliant les aires de repos à travers les seuils de nos trois pièces : une cuisine pour les confidences parentales, une pièce attenante où l'enfant peut voir, entendre, être vu, être entendu, et une troisième pièce, plus éloignée, où ils peuvent jouer.

Leur seuil favori, ou plus exactement le plus transitionnel de tous, est celui entre la cuisine et la pièce attenante. Là, leur posture subtile relève de l'acte créatif. L'enfant est à mes yeux un artiste, sa croissance est son œuvre. À chaque seuil, l'*inframince** surgit, avec son lot de perceptions infimes, à peine repérables, mais où l'enfant aime se tenir. L'inframince, on peut juste

*. Thierry Davila, *De l'inframince. Brève histoire de l'imperceptible, de Marcel Duchamp à nos jours*, Paris, Éditions du Regard, 2010.

l'imaginer, jamais le voir. Ou peut-être seulement en clignant les yeux pour ajuster sa vision ? Impossible. Il est là, il existe, minuscule ; il contient le devenir de l'enfant. L'espace de tous les possibles se tient sur le seuil sans jamais le retenir. L'enfant va agir, choisir, créer son être, décider de ce qu'il sera dans le lien à l'Autre.

Le *kekkai,* qui se définit par la notion de limite, ne s'y résume pas. Il est aussi la séparation. Le *kekkai,* tel un espace de séparation et de reliance, joue de la décision du Sujet. Il ferme et ouvre à la fois – sépare et relie.

Les trois pièces de nos lieux de prévention font parler la *famille.* Elles révèlent les ajustements relationnels, les écarts, les séparations. On peut lire ce qu'écrivent les familles avec leur corps en mouvement. Ainsi de ce père qui se plaint de ses enfants envahissants : ils ne savent pas jouer seuls, ils sont toujours derrière lui. Dès qu'il franchit le premier seuil, celui qui permet de passer du dehors au dedans, nous voyons les enfants s'engouffrer dans la pièce la plus éloignée de la cuisine pour aller jouer hors de son regard. Nous enregistrons cette saynète, premier acte de la venue de cette famille composée d'un père et de deux enfants. Quand ce père se lève dix fois pour aller *voir ce qu'ils font,* les questionner, interférer dans leurs jeux, nous pouvons interroger ses craintes à son retour dans la cuisine. Qu'est-ce qui le conduit à aller toujours près d'eux quand il ne les voit plus ? L'espace ainsi posé est un allié, un soutien pour le travail délicat que nous tentons de mener.

De lui-même, ce papa qui se plaint de ne pas avoir de temps pour lui et a le sentiment d'être envahi physiquement par la présence de ses enfants n'aurait pas abordé ses propres angoisses paternelles. Notre accueil, fait de présence et d'écart, de rapprochement et de distance, va favoriser notre approche de sa vie psychique. Sans le soutien de notre lieu, ce papa inquiet ne serait pas remonté aussi rapidement aux origines de ses difficultés. Il n'aurait pas pu dire le vide qui remplit son être quand il perd ses enfants de vue. Un vide qui le pousse à *aller les voir*, la vue seule étant à même de le rassurer : *ils sont toujours bien vivants.* Il n'aurait pas pu dire son sentiment lancinant d'abandon, qui ne concerne pas ses enfants eux-mêmes, mais bien sa propre enfance, pendant laquelle il a subi des disparitions successives, d'abord celle de son père, parti faire une course et jamais revenu à cause d'un accident, ensuite celle de sa petite sœur, emportée trop tôt par la maladie. Sûrement, au cours d'une thérapie individuelle, aurait-il fait le voyage jusqu'à la naissance de ce sentiment terrible : *aimer, c'est perdre* si un écart se glisse dans la relation. L'organisation spatiale a permis à l'indicible de se révéler.

La cuisine est une pièce familière qui porte du familier. Où que nous soyons, quand nous entrons dans une cuisine, nous sommes un peu comme à la maison, sans y être. Il y a immédiatement un sentiment de connu qui vient favoriser la rencontre. On parle mieux dans une cuisine. On parle plus vrai. Le *parler vrai* de Françoise Dolto renvoyait à cette harmonie entre ce qui est dit et ce qui est ressenti. Dans une cuisine, les mots sont plus charnels, ils viennent de plus loin, du dedans, de nos entrailles. Dans une cuisine, il est plus difficile de mentir. On est vite touché, ébranlé par l'esthétisme de la pièce. Un esthétisme qui repose sur cette rencontre sensible qui nous touche, nous bouscule, nous émeut. La sensibilité de notre cuisine est faite des odeurs de la brioche confectionnée sur place, de la toile cirée que chacun frotte du bout des doigts tout en parlant, recueillant les miettes de la bouchée avalée, de la balayette jamais loin, qui attire le regard et rassure, du Sopalin mal rangé qui trône sur une étagère à côté du café, des tasses empilées toujours prêtes à chavirer. La pièce porte la vie.

*Gagner du temps, c'est perdre le monde**

« On m'avait prévenu : quand on vous pose une question, en réponse vous nous en posez trois. »

*. Expression de Paul Virilio dans l'émission de France culture, *Avoir raison avec…* (Jeudi 19 août 2021).

Inutile de se justifier, juste laisser le temps démontrer comment ce choix d'écoute permet de donner la parole à celui qui pense ne pas savoir. Se taire, guider, a pour effet de retourner la situation de départ. On attend que le parent nous enseigne quelque chose. Qu'il nous confie son savoir de parent sur cet enfant toujours unique, le sien. Un parent qui pense ne pas savoir n'est pas un parent ignorant. Simplement, il ne trouve pas sa réponse. Le temps offert pour lui permettre de dérouler sa pensée la lui apportera.

Notre objectif premier est de préserver le monde interne de celui qui questionne et de ne pas tenter de le remplir de réponses-recettes. Laisser de l'espace sonore pour que le parent s'entende réfléchir permet d'ouvrir la confiance indispensable à la pensée. Notre posture professionnelle, difficile à tenir, est garante de la réponse que le parent ne manquera pas de trouver.

L'empressement des parents d'aujourd'hui les plonge parfois dans l'agacement à l'idée de ne pas pouvoir régler rapidement leur « affaire ». Leurs demandes de réponses rapides correspondent à un fonctionnement collectif, à une ère qui nous pressurise tout au long de la journée. Nous vivons quotidiennement, collectivement, dans la saturation, et avons pris l'habitude que toute demande soit immédiatement satisfaite. Nos technologies nous éduquent à l'efficacité, au point que nous ne savons plus attendre. Il en est de même dans nos échanges, où les phrasés sont vifs, où les mots se bousculent, se superposent. Malheur à celui qui marque une pause : la parole lui sera immédiatement confisquée, sans que personne ne s'en étonne ni ne s'en offusque. Combien de fois, dans des groupes, suis-je restée bouche ouverte, prête à dire quelque chose, mais incapable d'interrompre le flux de parole des autres ? Un psychanalyste attend toujours que celui qui s'exprime ait vraiment fini de dire ce qu'il avait à dire. Cela permet de laisser un peu de temps à la pensée qui suit sa dernière phrase.

Le parent inquiet du XXIe siècle est habitué à avoir peu de temps pour s'exprimer. Aussi, il a pris pour habitude de faire vite, donc de lister ses revendications. Certains lisent le « petit carnet de leurs angoisses », qu'ils ont sorti de leur sac ou de leur poche, posé sur la table, et qu'ils s'appliquent à défroisser. Il s'agit généralement de phrases pense-bête qui résument des événements ingérables, source de crises : « Il ne veut jamais se laver les dents », « Passer à table est un enfer », « Pour faire ses devoirs, c'est la guerre », « Il a mordu jusqu'au sang un plus petit et l'école menace de l'expulser ». La liste est lue avec gravité, sans que rien ne soit relié à un contexte particulier. L'enfant est le plus fréquemment décrit comme agissant sans raisons. Ces parents notent leurs réactions en retour : énervement, colère, punitions, isolement, mots qui dépassent leurs pensées. L'enfant étrange voit son parent sortir de ses gonds, devenant étranger à lui-même.

Freud avait une expression bien à lui pour évoquer ce moment où nous ne nous reconnaissons plus : l'inquiétante étrangeté, un concept qui décrit parfaitement cette part de nous-même inconnue, qui nous échappe et nous inquiète.

La maman de Julien ne peut cesser de pleurer en expliquant qu'elle ne se reconnaît pas. Elle qui est opposée à toute forme de violence, qui veut élever ses enfants dans le respect et la tolérance, s'est vue crier sur son petit dernier, lui jetant au visage des mots durs, méchants. Elle pleure, regrette, pleure, regrette, dans un impossible effacement de ce qu'elle a pu dire. Elle est effrayée par le « traumatisme » qu'elle a provoqué et n'émet aucun doute sur le fait que son enfant va être « durablement perturbé ».

Le cri maternel a été le seul capable de les séparer. Elle avait tout tenté – le raisonner, lui expliquer, le mettre en garde –, mais rien n'avait marché. Alors elle a crié, un cri séparateur qui a blessé profondément la chair et violenté le lien. Quand elle en parle, la mère chuchote tant elle a honte. Elle est inconsolable. Nous allons tenter de localiser l'origine de la scène en menant une enquête, en posant des questions curieuses sur des détails insignifiants.

Ce travail, éprouvant pour le parent, a pour objectif premier de faire reposer son état émotionnel. La description œuvre à remettre de la pensée là où dominait la seule émotion.

Dire n'est pas suffisant. C'est un matériel brut, dénué de sens, une sorte d'événement isolé dominé par l'émotion. Nous avons besoin de comprendre cette mère, de chercher l'histoire de ce conflit qui a été dévastateur. De quoi parle-t-il ? À quel moment cette maman s'est-elle perdue, a-t-elle vacillé, a-t-elle hurlé pour enfin respirer un peu, se sentir moins envahie par l'enfant ? Qu'est-ce qui n'a pas pu se mettre en mots avant pour que l'enfant comprenne que sa mère n'est pas tout à lui, qu'il doit aussi aller voir ailleurs, s'occuper ailleurs ? Seul le *récit* pourra constituer des liens entre les différents moments de leur vie et révéler ce qui n'a pas été, au point que seul le cri a pu tenir l'enfant à distance. On cherche en questionnant. Nous avons tout notre temps. Les mots peuvent hésiter, nos questions peuvent rester sans réponse. Notre pensée est disponible, libre, prête à se livrer à ce travail de compréhension au fur et à mesure que les détails nous sont livrés.

Notre *clinique du détail* est hospitalière.

À propos de son ouvrage *Réparer les vivants**, la romancière Maylis de Kerangal évoque son travail

*. Maylis de Kerangal, *Réparer les vivants*, Paris, Verticales, 2013.

littéraire tendu par la description. Ainsi, dans ses romans, elle utilise un mode narratif puis, soudainement, elle quitte le récit et se met à décrire. « C'est dans cette idée de lever les analogies entre les choses, de créer des rapprochements, de produire des relations. L'imaginaire, c'est ce qui concourt à la création des relations. Cette idée de la précision, de l'attention [...] car tout ce qui ne relève pas de l'attention ne peut pas être en résistance. La précision, le détail, c'est une résistance, c'est musculaire. Il s'agit de faire attention et dire que tout n'est pas pareil ; deux choses ne sont pas tout à fait les mêmes ; or on manque de différenciation, de singularisation, de spécification, de distinction*. »

Se réapproprier le temps

Il n'est rien de plus difficile que de se mettre à penser le temps. De penser que nous ne prenons pas assez le temps de vivre, de se poser, de parler, d'aimer, de voir ses amis, sa famille... Nous sommes toutes et tous critiques face à la cadence de la vie, que nous jugeons, avec lucidité, destructrice. *Mais que faire ?* me disent régulièrement les familles quand je pointe

*. Dialogue entre Maylis de Kerangal et Mathieu Potte-Bonneville lors du Parlement des liens organisé par la maison d'édition Les Liens qui Libèrent au centre Pompidou en juin 2021.

que cela va trop vite pour leurs enfants. Qu'ils ne peuvent pas porter leur enfance en courant, car alors elle devient un fardeau et ils n'en veulent plus.

Prenons Adel, à qui son père vient de dire qu'il fallait se dépêcher, qu'on devait encore passer faire les courses avant de rentrer à la maison *où maman nous attend.* Adel était en pleine activité, transférant de petits objets d'une caisse à une autre caisse. Il était absorbé, et la main autoritaire de son père – l'autre étant occupée par son téléphone grâce auquel il transmettait ses dernières recommandations à son associé – a eu raison de lui. Il a dû arrêter le jeu. À 4 ans, on ne fait pas le poids physiquement, mais à 4 ans on a plus d'un tour dans son sac. Bousculé dans son rythme et sa croissance, Adel va enfiler son manteau par les pieds. Totalement emberlificoté dans les manches, trop étroites pour ses jambes, il se laisse tomber au sol et n'arrive plus à bouger. Il attend. Son père, qui lui tourne le dos pour pouvoir se concentrer, ne voit pas que son fils, les jambes dans les manches de son manteau, s'est lancé dans une nouvelle activité qui consiste à manipuler un petit objet trouvé dans sa poche. C'est lorsqu'il se retourne, prêt à partir, qu'il découvre la scène. Obligé de raccrocher, il va devoir poser cartable et téléphone et tenter de retrouver le chemin inverse pour sortir les jambes des manches. L'ambiance est électrique. Adel est d'un calme olympien. Il ne veut pas qu'on lui vole son enfance et pratique avec talent l'*art du ralentissement.*

Les multiples stratégies enfantines en réponse à nos «Dépêche-toi» prennent des allures de résistance. Elles nous sont adressées comme un message politique fort de leur désir de se réapproprier le temps de leur enfance.

Dans nos vies d'adultes, la société civile remplit ce rôle essentiel en démocratie de refuser d'*être exproprié** de notre capacité à penser les problèmes qui nous concernent et qui touchent le social, l'environnement, la santé, la justice…

Pour Isabelle Stengers, notre capacité à penser a été capturée, ce qui nous oblige à nous poser la question: *sommes-nous capables de récupérer notre capacité de penser, et donc, par extension, de panser notre monde?* Selon elle, ces processus de désappropriation se sont emballés au cours des quinze dernières années, et plus le temps passe, moins nous sommes équipés pour y faire face. Faire face au XXIe siècle, c'est «prendre le temps de recréer ce que nous n'avons pas cessé de détruire entre nous, qui s'appelle des rapports civilisés, les rencontres**».

*. Philippe Pignarre et Isabelle Stengers, *La Sorcellerie capitaliste*, Paris, La Découverte, 2007.

**. *Ibid.*

Privilégier les liens : la surabondance des biens atrophie les relations

« La surabondance de biens mène à la rareté de temps. Le temps se raréfie parce qu'il faut le temps de consommer*... »

Dans le monde de la famille, le matériel de puériculture occupe une place bien particulière. En quelques décennies, il est devenu incontournable. Il a réussi le tour de force de se faire passer pour celui qui assurait la sécurité de nos enfants. Objet d'une économie décomplexée et persuasive, le matériel pour les bébés a su dire qu'il pouvait créer de la relation, allant jusqu'à se substituer à la présence parentale.

Prenons l'exemple du siège de bain, inventé pour éviter à l'enfant dès 3 mois de se noyer. Il peut même y être attaché. Alors qu'un bébé de cet âge-là ne doit jamais rester seul dans son bain, que le principe est que le parent reste toujours à ses côtés, qu'en cas de besoin la main maternelle ou paternelle joue le rôle de filet de sécurité, que si le bébé glisse sur ses fesses dans l'eau savonneuse il pourra sentir son corps s'enfoncer légèrement dans le bain et être rattrapé par une ferme poignée parentale, vivant ainsi des

*. Ivan Illich, La Convivialité, Paris, Seuil, coll. « Points », 2014.

sensations que porte toute relation, le siège de bain a la prétention de remplacer ce temps de l'existence. Il croit pouvoir dire au nom du parent: « Je serai toujours là pour toi, tu peux compter sur mon attention. » En réalité, non seulement on ne rassure pas le parent sur son aptitude à prendre soin de son bébé, mais on l'engage dans un geste de consommateur qui l'affaiblit. Plus il achète, moins il est riche d'expériences, plus il est docile et moins il est en relation. L'objet ne remplace pas la relation.

Comment prendre le temps de penser nos propres gestes et se dire qu'ils peuvent être tout le contraire de ce que nous croyons ? Qu'en achetant pour offrir le meilleur à nos enfants on crée de la distance, on distend nos liens de responsabilité, on se perd ? Qu'en additionnant des biens on soustrait les liens ? On croit avoir plus, alors qu'on a moins. Mais il faut tellement de temps pour penser le temps ! J'ai mal pour les parents qui cherchent sans cesse à s'ajuster, à faire au mieux, et qui, privés de temps, finissent par s'en remettre aux marchands de conseils.

Comment, dans la vie de tous les jours, résister à la tyrannie de la vitesse ?

« La vitesse est une violence non sanctionnée », mais c'est aussi elle qui efface toute distance, et donc provoque « la fin de la géographie* ».

*. Paul Virilio, *Vitesse et politique*, Paris, Galilée, 1977.

La santé de nos relations repose sur une géographie, or le vivre vite détruit nos paysages relationnels, qui se voient annulés, effacés, privés de toute tentative d'ajustement. Fermons les yeux et tentons de faire, comme au cinéma, une séquence au ralenti. Nous verrons alors de quoi est faite l'occupation de l'espace, comment un geste, un regard, un mouvement l'habitent et le colorent de toute une vie affective qui construit la relation. Si l'on rejoue la même séquence en mode accéléré, nous observerons cette fois une occupation chaotique de l'espace. Les territoires relationnels deviendront flous et disparaîtront au profit de ce chaos, créant des sentiments de lâchage ou de collage. Comme si les corps se voyaient désinvestis ou, au contraire, colonisés.

La vitesse est une violence qui provoque un enchaînement de ruptures, d'accidents, car en vivant vite on ne maîtrise pas la manière dont chacun peut survivre à la cadence imposée. La vitesse tue l'enfance. « L'accident est l'absolu de la surprise*. »

La vitesse au service d'un nouveau syndrome

Paul Virilio a été l'un des premiers à alerter sur le danger politique représenté par la vitesse. Concernant la

*. *Ibid.*

vitesse de l'information, par exemple, il s'est exprimé sur les risques majeurs « qu'une actualité en balaye une autre le lendemain, créant alors une amnésie collective qui nourrit une dictature de l'émotion ».

Au-delà de cette dictature de l'émotion, nous assistons à une nouvelle forme de fatigue que l'on connaît sous le terme générique de *syndrome de fatigue informationnelle*. Il s'agit d'une pathologie psychique engendrée par un excès d'information, décrite en 1996 par le psychologue britannique David Lewis, qui s'intéressait alors aux personnes dont la profession implique de traiter quotidiennement une grande masse d'informations. Aujourd'hui, cet excès touche tout le monde et a des effets directs sur notre capacité d'analyse. Penser les effets de ce flux ininterrompu d'informations est même devenu en soi impensable. Notre pensée ne trouve plus le chemin du raisonnement. Nous avalons les données informatives sans réussir à en faire un matériel à penser.

Récemment, alors que j'animais des échanges avec des collégiens et lycéens à partir d'une pièce de théâtre sur la question des écrans et du harcèlement, j'ai été surprise de les voir si démunis pour débattre des questions du droit, du consentement, de la protection des victimes. Leurs propos me heurtaient quand je les entendais prendre parti pour l'agresseur, adhérer à sa violence, allant jusqu'à trouver juste de se faire justice soi-même. La jeune fille qui avait tenté de se suicider n'avait à s'en prendre qu'à elle-même, elle qui avait osé se refuser à ce garçon. Je les sentais désarmés pour penser, pour se dégager d'une émotion vive et envahissante. J'ai repensé aux travaux de Maryanne Wolf*, à ses observations sur l'attention capturée de nos enfants et ses effets sur leur impossibilité à penser la réalité de la vie, à avoir un esprit critique. Je mesurais à quel point nos jeunes étaient livrés à la toxicité que portaient les réseaux sociaux, réalisant que c'était toute la démocratie qui était en danger. Car ces jeunes étaient encombrés psychiquement et ne pouvaient plus métaboliser des éléments de la réalité. Leur pensée n'était plus en mouvement. Je vivais les mots de Paul Virilio quand il parle de notre « jugement qui dépérit face à la prolifération de l'information ». Un dépérissement qu'il associe au trop-plein d'informations : « Plus la diffusion d'informations est importante, plus notre monde devient fantomatique, insondable. À partir d'un certain seuil, l'information n'informe plus, elle déforme, et la communication ne communique plus, elle accumule**. »

Ce symptôme de fatigue informationnelle invite à observer la façon dont le grand public se saisit

*. Maryanne Wolf, interview par Martin Legros, *op. cit.*

**. Byung-Chul Han, *Dans la nuée, op. cit.*

aujourd'hui des campagnes de communication sur les grands sujets de santé. Les dépliants qui fleurissent dans les salles d'attente listent ce que nous devons savoir sur des sujets tels que notre alimentation, notre sommeil, nos activités sportives, notre sexualité. Les spots télévisés, les sites Internet, les vidéos YouTube ou TikTok participent à cette prévention sur un très grand nombre de questions de santé. Certes, « prévenir, c'est informer », et c'est un des moyens de conduire une population à prendre soin d'elle-même. La prévention ne peut toutefois se résumer à une somme d'informations, de fiches explicatives, de spots qui viendraient, comme un « dire » salvateur, tout clarifier, tout résoudre. La fiche contenant des connaissances généralistes ne peut faire de la singularisation. Elle est ignorante de celle ou celui qui la lit. Elle laisse le parent seul avec ce qui lui est propre : son histoire.

Dans le monde de la famille, prévenir, ce n'est pas conseiller, ce n'est pas informer, ce n'est pas faire à la place de, ce n'est pas savoir ce qui est bon pour le parent en souffrance. Prévenir, c'est écouter, donc savoir se taire pour se rendre disponible aux mots de celui qui souffre. Pratiquer une *ignorance savante* caractérise une écoute, une éthique qui fonde le rapport à la parole. Laisser une place, de la place, à celui qui pousse une porte pour être soutenu afin de lui permettre de s'engager dans un dialogue, c'est le reconnaître pleinement et avoir confiance en ses propres capacités à penser.

Prévenir revient à créer de la relation et à supporter le défi que celle-ci appelle. Adams Philipps nous dit qu'« il faut supporter la situation d'embarras pour que quelque chose s'ouvre* ». Il y a dans ces rencontres singulières qui vivent au rythme des mots une tension opérante. Ouvrir le champ de la pensée de celui qui, informé à l'excès, croit savoir participe de l'éthique du bon usage de la lenteur.

Appeler à la lenteur est aussi un rappel du statut de la relation comme première. Elle nous replonge dans notre histoire, dans notre construction d'*Homo sapiens*, avec notre condition native de dépendant. L'humain a besoin d'un Autre qui parle, qui lui parle. Il vit par cette parole adressée. Ainsi de ce bébé en néonatologie qui se bat pour vivre et qui tente de respirer seul, sous le regard perdu de ses parents, traits tendus. Leurs yeux vides de toute étincelle fixent l'enfant. Alors qu'ils sont figés dans leur souffrance, une femme arrive avec des livres à la main. Une femme qui vient elle aussi prendre soin de ce bébé tout juste né. Pendant que les infirmières s'affairent à d'autres

*. Adams Philipps, *Trois capacités négatives*, Paris, L'Olivier, 2009.

tâches, elle présente les livres pour que les parents en choisissent un. Une lecture pour eux et leur enfant. Puis elle se met à lire. Face à ces mots qui lui sont adressés, l'enfant tend le cou vers la voix qui raconte. Sa respiration se pose, ses yeux ouverts se mettent à regarder le son de l'histoire. En quelques minutes, l'atmosphère se métamorphose. Les bruits de la technique passent au second plan, et celui qui n'était qu'un bébé-machine pour ses parents en larmes se transforme en bébé de chair, un bébé qui peut frémir à la musique des mots. Un bébé qui ne fait pas qu'entendre, mais qui écoute.

Le lien parents-enfant s'est glissé dans cet *inframince*, cette limite entre la couveuse et la lectrice devenue une reliance, un espace de la vie. Là est la présence préventive de celle qui a su créer à l'intérieur de ce lieu aseptisé une force vitale que le bébé vulnérable et malade a reçue. Ses parents, jusqu'alors trop bouleversés pour lui parler, ont trouvé les mots en s'identifiant à celle venue uniquement pour raconter.

Des lieux qui pensent, penser des lieux

« Penser, c'est toujours commencer à penser, et il n'y a rien de plus complexe que de trouver les conditions qui rendent possible ce commencement », disait Gilles Deleuze.

C'est en reprenant l'enseignement des enfants que j'ai commencé à créer des liens de pensée entre ce qu'ils m'ont appris et les riches théories de nombreux penseurs. Le choix de partir de l'enfance permet d'évoquer la façon dont le sujet éclot de la relation et dont il a besoin d'être investi dans son humanité pour que la barbarie ne règne pas en maître.

Assurer nos verticalités, créer des appuis, préserver notre lien vital au monde sensible, border, tenir parole, ralentir sont les fondations mêmes d'un état de droit soucieux des vulnérabilités qui nous caractérisent. Les reconnaître, c'est les penser.

Notre santé physique, psychique, culturelle, sociale, écologique, environnementale, a besoin d'*espaces d'attention* pour bâtir et consolider une société d'espérance et d'hospitalité. Ces espaces pour se redresser devraient pouvoir s'implanter dans les grandes et petites communes et être libres d'accès. Leur *fonction d'appui* serait un pilier pour conquérir une société en transition. Leurs valeurs d'humanisation, de gratuité, de diversité, occuperaient un espace public jusque-là envahi par des lieux voués au culte de l'objet, à la consommation, dans un esprit du «toujours plus» addictif. En inversant l'occupation de l'espace public par des espaces-temps pour nourrir les liens, nous affirmerions l'importance des tiers-lieux, des espaces d'accueil pour les familles, des maisons des citoyens, des centres socio-culturels, des maisons d'associations… toutes les nominations sont les bienvenues.

Winnicott parlait autrefois de l'importance de l'*élaboration imaginative* pour nommer le besoin de l'enfant d'un *autrui soutenant*. Une bien belle formule que nous pouvons extrapoler, puisque chacun de nous attend, comme l'enfant-enseignant, un autre soutenant capable de nous offrir un point d'appui pour nous redresser en cas de vacillement.

Mais est-il toujours question de lieux à proprement parler? Une adresse n'est-elle que postale? Suis-je seulement en train d'imaginer des lieux à occuper, ou ma réflexion rejoint-elle les auteurs qui s'intéressent à la manière dont les communs se font et qui soulignent que le commun est un verbe qui exprime des relations? «Il n'est ni un lieu d'usage collectif, ni une ressource à partager, ni une chose qui appartient à plusieurs: il est l'acte de faire commun*.»

Dans une société qui cherche à se définir autour de mots tels que solidarité, égalité ou fraternité, que se passe-t-il aujourd'hui pour que les rimes ne viennent plus faire chanter ces valeurs habituellement si puissantes? Donner de la chair aux mots revient à les inscrire dans des actes forts, tels des signaux au plus grand

*. Mario Blaser et Marisol de la Cadena, «Introduction aux communs», *Anthropologica*, n° 59, 2017.

nombre. Nous avons besoin de lire « Ici vit une démocratie » dont l'économie mettrait en son centre non pas les totems de la captation, de l'argent, de la consommation, mais les expériences de vie, pour tisser les grands domaines de son ministère, des domaines où la vie matérielle ne gommerait pas la vie existentielle.

Conseils de l'enfant à un dirigeant
On dirait que…

• Tu décideras de faire de la vulnérabilité une boussole politique.

• Tu me promettras de réfléchir à un ministère de la vulnérabilité.

• Tu prendras en compte dans toute décision que le temps est l'allié de nos vies de la naissance à la mort.

• Tu insuffleras la création de lieux pour penser, créer, délibérer, car ils sont les fondations de toute démocratie.

• Tu as conscience que la cadence crée de nouvelles vulnérabilités.

• Tu sais que la démocratie doit pouvoir panser la vulnérabilité.

Table

Si vous souhaitez être tenu informé des parutions
et de l'actualité des éditions Les Liens qui Libèrent,
visitez notre site :
http://www.editionslesliensquiliberent.fr

Composition : In folio

Achevé d'imprimer en décembre 2023
par l'imprimerie Normandie Roto Impression s.a.s
à Lonrai
Dépôt légal : janvier 2024
N° impr : 2305099
Imprimé en France